智元微库
OPEN MIND

成 长 也 是 一 种 美 好

华为的意志

华为经营逻辑的引擎

鲁青虎◎著

HUAWEI'S WILL

THE ENGINE OF
HUAWEI'S BUSINESS LOGIC

人民邮电出版社

北京

图书在版编目（ＣＩＰ）数据

华为的意志 ： 华为经营逻辑的引擎 / 鲁青虎著. --
北京 ： 人民邮电出版社，2022.1（2023.10重印）
（华为工作法系列）
ISBN 978-7-115-57378-0

Ⅰ．①华… Ⅱ．①鲁… Ⅲ．①通信企业－企业管理－
经验－深圳 Ⅳ．①F632.765.3

中国版本图书馆CIP数据核字(2021)第190562号

◆ 著　鲁青虎
责任编辑　刘艳静
责任印制　周昇亮

◆ 人民邮电出版社出版发行　　北京市丰台区成寿寺路 11 号
邮编 100164　电子邮件 315@ptpress.com.cn
网址 https://www.ptpress.com.cn
河北京平诚乾印刷有限公司印刷

◆ 开本：720×960　1/16
印张：14.5　　　　　　　　　　 2022 年 1 月第 1 版
字数：191 千字　　　　　　　 2023 年 10 月河北第 3 次印刷

定　价：69.80 元
读者服务热线：（010）81055522　印装质量热线：（010）81055316
反盗版热线：（010）81055315
广告经营许可证：京东市监广登字 20170147 号

赞誉

鲁院长跟我是老朋友，他主笔帮我们完成了哈佛案例。几年来，他一直从事文化的研习和传播工作，我常向他讨教，也给他提过建议，至少要有点边沁的功利主义融汇其中。

欣喜地看到这本书，感叹其三大功力：对企业经营理解的功力、文化贯通于组织和经营的功力、上下融通的功力。

尤其赞赏本书基于"意志"与"思想"的心灵起篇和陈述，这正是我们期待的"心灵觉醒"，蕴含价值观驱动（core value driver）的正解。

尤其赞赏本书基于"能力"与"工具"的常识承接和转折，这正是我们期待的"常识觉醒"，企业的存在及人生的存在都是忙于提升我们"（作为人的）最根本的能力"，即"解决问题的能力"。

心灵觉醒是"做什么"（what to do）和"为什么做"（why to do），常识觉醒是"如何做"（how to do）。最终，经历沉浮起落、凤凰涅槃，走向、达到事业的理想目标。

贯穿本书的是无处不在的开放与谦逊，这点，更加难能可贵。

本书章的标题——意志、思想、能力、工具、成就，取得特别好，足够吸引人。看到本书的体系和架构，我也是"服了"和"认了"。

——方惟一　华为公司前副总裁，曾任华为战略与规划部总裁、
财经管理部总裁等，现任惟益慈善基金会理事长

华为在1996年发布的《华为基本法》中明确了企业的愿景，即成为世界级领先企业，当下，这无疑已经成为现实。但成功光环笼罩的任正非，为何仍在不断思索"企业如何生存"这一终极命题？这值得所有业界中人思索。企业持续有效发展究竟有没有恒定法则可循？如何打造成功的企业文化？鲁青虎在本书中给出了很好的诠释。

本书从"意志"这个独特的视角出发，将华为的关键成功要素进行了全方位的解码，强调华为在意志力驱动下形成的奋斗者文化，磨炼为其强大的经营逻辑，造就世界级领先企业。本书无疑给当下苦寻企业发展之道、希望学习华为文化和经营思想的朋友们提供了极有价值的参考。

——郭海卫　华为公司前战略部副总裁、独立企业管理咨询人

"治水者修整河道，水利万方；造箭者校直准星，箭不虚发；细木匠规矩材料，天工开物。古之善学者精益求精，内圣外王；今之善治者自我驾驭，其命维新。"21世纪的我们，必须正视这样一个事实：你不可能创作出毕加索的画、科恩的歌及乔布斯的苹果，那是属于他们的独一无二的创作，他们把握了他们的机遇，现在轮到你用你的方式去创作伟大杰作了。任正非

先生把握了他的时代机遇，为中国企业家树立了一面旗帜。鲁青虎先生以自己在华为的经验，试图探究华为成功的关键，即任正非的意志如何导引众多华为人迈向世界水平。值得一读，掩卷三思，必有精进。

——周学军　前《华为人报》主编、《任正非这个人》作者

"西方兵圣"克劳塞维茨认为：对手意志的丧失是战争结束的关键标志。华为30多年的成长之路，就是一个意志驱动思想、能力、工具，持续创造成就的经营大闭环。鲁青虎老师从"意志"角度来解读华为和任正非的经营哲学，在众多解读华为的经营管理图书中独树一帜，值得有志于牵引企业走更远的路的企业管理者研读。真诚推荐。

——邓斌　"学习华为三部曲"作者、华为公司原中国区规划咨询总监

本书是对企业精神的探索与探讨。战术千万条，好战第一条，精神是君药，方法论是臣药。塑造企业精神，这是一本很好的参考书。

——胡赛雄　华为公司前后备干部系主任、《华为增长法》作者

非常荣幸，我与鲁青虎先生在20多年前同一天到华为报到，从此成为同战壕的战友和一生挚友。虽我离开公司数年，今拜读鲁院长的心血之作，仿佛又被拉回当年的"从军"岁月。鲁院长从"意志"的视角诠释华为经营、管理、成长及文化建设的内涵，耳目一新。相信本书会给经营、管理企业的朋友们带来启迪和有益的参考。

——丁文国　华为公司前代表处管理者

自然不轻易产生奇迹，人的活动亦如此。能被称为奇迹的事，一定有造就它的力量。我想说华为是一个奇迹，我相信它是惊人创造的结果。

友人鲁青虎先生，曾是华为事业的参与者和见证者。他离开华为后，从事着自己有兴趣的新事情，又深深地钟爱着自己曾身在其中的华为文化，思考是什么东西决定了华为的巨大成功。这部著作《华为的意志》就是他思考的一个结果。

有一位哲学家叫叔本华，他的哲学关键词是"意志"，他被称为"唯意志论者"。他眼中的世界是意志的产物，没有意志就等于没有一切。生命、生物乃至动物有意志好理解。石头有意志吗？常识不会说有，哲学说有，隐喻也说有，《石头记》还称石头有灵性。石头的意志是，当人要破开它时，它以其坚硬顽强地维护自身的同一性。《郭店楚墓竹简·语丛一》有一句话："凡物由望生。"这句话说出了意志的重要驱动作用。

华为之所以成为华为，因为它有强大的意志驱动力。这是青虎先生体验和感受过的，他以此来解释华为的成就来源并用它为本书命名。我非常相信意志的力量。人能走多远，取决于他想走多远；人能站多高，取决于他想站多高。将真正想做的变成坚定的意志，将坚定的意志变成坚持不懈的行动，就能创造一切。一部新出土的中国典籍《黄帝四经》中的两句话表达了这一观点："心之所欲则志归之，志之所欲则力归之。"

强大的意志驱动华为不断变得更好。华为一直处于不断地改变、不断地创新、不断地优化、不断地强化中。没有人会说改变不重要或适应市场不重要。但改变首先是改变自己，不是改变别人。改变是改变固化的思维，建立新思维；适应市场首先是立足当下，同时又有前瞻性和预测性的眼光，以应对市场的各种变化。华为打造了改变常规思维引导公司发展的故事，打造了适应市场复杂变化的故事。

没有人会说企业的技术创新不重要，但创新又是最难的。企业追求时效和绩效是天经地义的，它非常现实和务实，而技术创新追求的是基础性的东西，是追求持续发挥作用的长远需求，这是缓慢的过程，是充分积累的过程，是以此来达到突破的过程，这没有一时之效和一时之功。学会在二者之间明确界限、保持平衡，就能有远虑而无近忧，能好高而不骛远。华为打造了将当前利益和长远利益统筹起来的故事，打造了将当前需求和技术创新的长远需求融为一体的故事。

没有人会说企业的优化不重要，但优化自身困难重重。人们喜欢谈论企业之间的激烈竞争，而竞争的实质是竞优，是企业自身的不断优化。优化企业的整体结构和体系，优化资源的配置，优化人力梯队和人才队伍。优化体现在企业的方方面面，从大到小，从小到大。局部的优化产生整体的优化，细节决定成败；整体的优化带动局部的优化，纲举目张。华为打造了现代新兴技术企业不断优化自己的故事，打造了不断优化企业管理和经营的故事。

没有人会说企业的强化不重要，但强化企业的根本是不断激发人员的积极性、主动性，是增强企业的凝聚力。企业的活力来自每一个人的主动性和积极性。激发人的主动性和积极性，靠的是对人的充分尊重，尊重他的利益，尊重他的人格。人受到了尊重，就能焕发热情，发挥无穷潜力。华为打造了不断强化自身的故事，打造了激励人和尊重人的故事。

最后，我想说任正非先生是有强大意志的人，是能经受各种挑战和考验的人，是有新思维的人，是有战略眼光的人，他带领华为人创造了企业界的奇迹。

我对华为很好奇，不时听到华为的故事，其中一部分就来自青虎先生。青虎先生用这本书来揭示华为成功的奥妙，并征序于我。虽有隔行之感，惟盛情难却，展读之下，谈其所感，难免隔靴搔痒，读者雅鉴。

王中江

北京大学哲学系博雅特聘教授，中华孔子学会会长

2021 年 10 月 5 日于北京集虚室

目录
CONTENTS

引言

意志的价值

.
.
.

在写这本书之前很长一段时间里，我一直在思考，任正非能够一次次挺过经营危机，驱动华为健康、快速地发展了30多年，他的意志肯定非常强大，那么他的意志是如何一步步增强的？是否有路径可寻？

关于这个问题，不仅我在华为工作时经常思考，离开后想到的时候更多。2009年，我辞职离开华为，开始创业。与在华为公司工作时迥然不同，在创业过程中，我时常要面对企业兴衰存亡的压力，也见识了一些人性中的不堪，受益于在华为就职期间学习国学的经历，加上一点机遇，我传播中华传统文化、用文化服务社会、服务企业经营的想法被激发了。

这个心念一动，竟然天遂人愿，我的事业有了新的机缘。2015年，我创立了深圳丰德修邦文化传播有限公司，先是自办国学文化传播机构，然后又负责运作包括深圳凤凰书院在内的三家书院，组织过两百多场专题讲座、系列课程和国学活动，内容涉及国学、哲学、艺术、人文、科学等多个领域。

事业所在，也是兴趣所致，在运作书院的过程中，大部分中西哲学讲座，我都尽可能认真聆听，并利用近水楼台先得月的便利，向专家请教各类问题。遇到专家时间不凑巧的时候，我也会讲解自己精心研修的国学知识和企业经营管理的经验。

2020年，受新冠疫情等因素的影响，我负责的国学文化传播机构、书院无法正常营业，这让我产生了利用这段闲余时光写点什么的念头。思考了很久，发现自己想写的东西很多，千头万绪，却不知道从哪里开始。反躬自问，如果一定要写点什么，那么应该从我经历过的企业经营管理实践，以及自己长期感兴趣，也多次讲过的国学开始。想清楚这一点后，就没有再费心去思考，我脑子里很快就闪现"企业经营的兴衰存亡"这个主题。

坦白地讲，这个主题闪过之后，我的内心挣扎过多次，担心自己写不好，极力想找一个更容易的话题，但我百般构思，思路无论跑得有多远，总是很快就被拉了回来。

"企业经营的兴衰存亡"一直是大家热议的话题。离开华为之后，这个问题也日日困扰着我，让我有一种难以言表的感觉，正因如此，我愿意把它分享给企业界的同道和国学界的朋友。

在华为工作期间，我们总是能听到任正非在很多场合不厌其烦地谈及华为的兴衰存亡，感觉他是刻意用这种方式，让全公司的人都知道他担心华为的生存状况，让全公司的人像他那样居安思危。现在想想，"企业经营的兴衰存亡"这个主题之所以在我的脑海中挥之不去，不仅是因为我直面过创业的挑战，更是因为早在20多年前我的思想就被任正非这个"狠角色"雕琢过，我想，大部分在华为工作过的人对此都会感同身受。

身为曾经的华为人的最大优势在于直接感受过任正非用意志驱动经营逻辑，引领华为这家高科技企业迈向世界一流。

任正非的文章，实在、客观、坦诚，思想具有哲学深度，很有感染力，我一直很喜欢拜读，离开华为这么久了，现在读来仍觉其经营思想入木三分。

2000年，任正非接受美国合益集团（Hay Group）访谈——当时合益集团正在给华为提供人力资源管理变革服务。任正非在访谈中说道：

企业能否活下去，取决于我们自己，而不是别人。活不下去，也不是因为别人不让我们活，而是自己没活好。能活下去，不是苟且偷生，不是简单地活下去。一个企业要想活下去并非易事，企业要始终健康地活下去更难。因为它每时每刻都面对激烈的市场竞争，面对企业内部复杂的人际关系，面对变幻莫测的外部环境。企业必须在发展的过程中，在不断地改进和提高的过程中才能活下去。⊖

在我的记忆中，华为经营得越顺利，任正非越要谈"活下去"这类关系企业兴衰存亡的问题，譬如"华为的旗帜到底能打多久""泰坦尼克号也是在一片欢呼声中出的海""失败这一天一定会到来，大家要准备迎接"等，用这些问题给华为人降降温、醒醒脑。

回望华为的发展历程，在任正非"活下去"的强烈意志驱动下，华为人居安思危、未雨绸缪，挺过了困境（如1992年研发投入过急、过大致使资金链濒临断裂，员工工资拖欠半年之久），熬过了绝境（如1998年因开办内部职工银行被人举报涉嫌非法集资），度过了窘境（如2002年"IT冬天"里外部销售增长严重下滑、内部高管骨干大批出走）。

华为公司在向死而生的历程中，终于闯出了一条亮眼的生存之道，攻入了"无人地带"，成了年产值近万亿元的世界知名品牌企业。与此同时，为了应对难以预料的经营风险，华为早在2012年就开始打造自己的挪亚方舟——2012实验室。这个明智之举让华为后来在应对灾难时多了一些从容和保障。

⊖ 引自《活下去是企业的硬道理》，是2000年任正非接受美国合益集团高级顾问维基·赖特（Vicky Wright）访谈的文字记录。

2020 年 3 月 31 日，华为 2019 年年报发布。华为公司轮值董事长徐直军表示，2020 年是华为公司最艰难的一年，"2020 年我们力争活下来，希望明年还能发布年报"。2021 年 3 月 31 日，华为发布的 2020 年年报显示，华为实现年销售收入 8914 亿元，增长了 3.8%，华为艰难地活了下来。2021 年 4 月 12 日，在华为于深圳总部召开的第 18 届全球分析师大会上，徐直军表示，2021 年华为的目标还是活下来。

华为如何应对？以往靠任正非"活下去"的顽强意志所驱动的经营逻辑，其所证实的企业兴衰存亡之道，能否帮助华为挺过这场危机，现在成了很多人关注的热点，更牵动着我们这些曾经的华为人的心。

市面上不乏与华为经营管理有关的书籍和文章，且数量与日俱增，视角也是五花八门，但在我看来，任正非的意志对华为的兴衰存亡影响最大，且对经营逻辑的驱动最为明显，这是最不应该被忽略的，有必要对其进行系统梳理和表述。

作为华为公司关键发展历程的亲历者、见证者，位卑未敢忘"责任"，我愿意"知其不可为而为之"，阐释在华为公司的发展历程中，任正非的意志是如何驱动经营逻辑，带领华为闯过一道道生死关隘走向强大的。我希望能抛砖引玉，为众多中国企业健康、长久地"活下去"提供一点启发。

当然，经过 30 多年潜移默化的影响，任正非的意志已经逐步转化为华为公司集体的经营意志，二者早已水乳交融，密不可分。

那么，任正非的意志到底是如何驱动华为的经营逻辑的？

受华为经营实践的启发，我认为经营逻辑包括经营中不可或缺的五个主要环节，即意志、思想、能力、工具和成就，它们组成了闭合循环（见图0-1）。本书重点阐述经营逻辑的这五个主要环节之间到底存在怎样的关系，它们是如何组成这种闭合循环的，其中，经营意志又是如何发挥驱动作用的。

图 0-1　经营逻辑的闭合循环图

在介绍之前，有必要对经营逻辑的适用范围进行界定，并简单定义该逻辑中意志、思想、能力、工具和成就五个概念。

本书所述的经营逻辑，指的是用以反映企业经营的法则，即企业经营发展的普遍性规律，不一定适用于经营之外的其他领域。

经营意志，是指企业领导者或集体的真实自我，表现为在企业生存和发展过程中为实现目标而呈现的心理状态，包括企业生命成长的欲求和动机等，是企业发展驱动力的源头；经营思想，是指企业领导者或集体在企业经营中采用的各种思路的集合，包括战略思路、产品思路、销售思路、组织思路等；经营能力，是指企业经营所需的技能、才干或本领，主要包括战略能力、产品能力、销售能力、组织能力等；经营工具，是指企业经营所需的方法、流程、IT 系统等，具体体现为战略工具、产品工具、销售工具、组织工具等；经营成就，是指企业通过经营实践所创造和产生的效益，包括经济效益和社会效益，体现在物质和精神多个层面。在华为的经营实践中，经营思想、经营能力和经营工具又构成了企业的核心竞争力，这一点在本书有详细表述。

为了便于理解经营逻辑各环节之间的关系，我们有必要暂时回到企业经营的起始阶段，以避免成熟企业中错综复杂的经营之"道、法、术、器"遮蔽了经营逻辑的本来面目。为了确保认知在逻辑上更加严谨，我们将立足常识、缜密推理，从五个层面进行阐释。

第一，志向树立。从常识来说，一个人下定决心创办企业，通常源于起心动念，发现了自己生存或生命的欲求，相信创办企业才是自己实现某些欲求的最佳途径，并且愿意付诸行动。这些欲求是创始人的初始志向，即企业初始经营意志的展现。

第二，思路假设。在初始志向的驱动下，为了实现企业生存和发展的目标，企业创始人就企业经营所需的战略思路、产品思路、销售思路和组织思路等进行假设，这些假设组成了企业初始的、主要的经营思想，以指导企业实现快速发展。

第三，执行增强。为了实现企业生存和发展的目标，经营思想形成之后，企业创始人运用并调适经营思路，目的明确地指导企业打造与思路相契合的战略能力、产品能力、销售能力和组织能力等主要的经营能力，以增强企业的执行力。

第四，效能放大。为了实现企业生存和发展的目标，具备经营能力之后，企业创始人寻找或打造与现有经营能力相契合的战略工具、产品工具、销售工具和组织工具等主要的经营工具，旨在提升经营能力，有效放大效能。

第五，成果强化。企业创始人运用经营思想、经营能力和经营工具构建企业的核心竞争力，创造企业的经营成就，从而实现企业生存和发展的目标。经营成就的组成、大小及分配，又会影响企业创始人的经营意志，促使组织和个体做出优化调整，以强化成就的价值。

以上由经营意志、经营思想、经营能力、经营工具和经营成就组成的经营逻辑，表现为一个闭合循环，其次序相对稳定，前一个环节影响、驱动后一个环节。在企业实际的经营活动中，五个环节次序的偶然变动或重叠也时有发生，但这种变化是非普遍性的、不稳定的。

采用与初始阶段相同的办法可以推理出，这一经营逻辑在企业发展的每个阶段（如每年）都在运行，在企业整个生命周期中循环往复，支撑着企业的经营发展。

在企业发展的每个阶段，经营逻辑都需要引导企业积极调整自我，以较好地适应国内外经济发展形势，确保企业经营能够与时俱进。

基于以上经营逻辑做出的推理，经营意志不仅是经营逻辑的起点，为企业经营提供原动力，还是经营逻辑中其他环节运行的驱动力。如果缺乏经营意志的驱动，企业创始人大多懒于或疏于经营思考，通常难以产生十分有效的经营思想；如果企业创始人经营意志薄弱，就不可能有足够的驱动力，去持续推进企业经营能力的提升，不断推进有关经营工具打造的企业管理变革；如果企业创始人的经营意志不够顽强，在随时可能出现的经营困境面前，容易消极恐惧、慌乱无措，想要持续取得理想的经营成就几乎没有可能。简言之，经营意志就像一根传送带，把经营意志、思想、能力、工具和成就串联在一起，形成一个持续向前滚动的闭合经营循环，且传送带的驱动力决定着经营循环的运转成效。

本书将结合华为公司的发展实例、任正非的经营思想、中西方哲理三个方面的素材，通过相互借鉴、交叉印证等方式展开论述，以此揭示华为是如何闯过一道道生死关隘，飞速发展 30 多年的，并探寻其取得的令世人瞩目的骄人成就背后，华为及任正非的意志作用何在。

任正非与华为集体的意志，以及由此驱动的经营逻辑，仁者见仁、智者见智。因才学有限，本书的表述大多为我个人的心得及体悟，恳请大家多多指正。

第一章

意志

义利并行不悖，驱动经营逻辑

:
:

【任正非语】我的期望呢，就是考核干部，要看奋斗意志，要看干劲，不能光看技能。没有奋斗意志、没有干劲的干部，我们还是要从各级行政管理岗位上调整出来。没有奋斗意志的人，不能带兵。对行政管理干部上，我强调把奋斗精神、干劲作为很重要的考核基础。

资料来源：《没有奋斗意志的人，不能带兵》，任正非在"业务计划与预算"汇报上的讲话，2017 年 5 月。

企业是有生命的，它往往诞生于创始人立下的一个志向，这个志向是企业最初的经营意志。经营意志，既是经营逻辑的起始，也是经营逻辑的驱动力，它贯穿于经营逻辑的每一个环节，驱动着经营逻辑向前。经营意志起初是企业创始人的意志，它会随着企业的发展而演变，最终演变为大多数干部甚至广大员工都拥有的集体意志，由此成为企业的精神。任正非就希望自己秉持的奋斗意志能够变成每位华为干部共有的经营意志，使每位干部都能够成为动力强劲的引擎，驱动华为的经营逻辑不断发展。

经营意志具体表现为企业宗旨，包括核心价值观、基本目标、公司成长和价值分配等欲求，以及实现这些欲求的动力。华为公司的宗旨，在《华为基本法》的开篇有明确描述。

本章以华为为例，以"活下去"一节表述经营意志的重要作用，以"拧麻花"一节表述经营意志的主要抓手，以"大胜在德"一节表述经营意志的主要趋向，以"向下扎到根"一节表述经营意志的主要源头，在分析之余，最后以"意志建设的 3 条路径"为本章小结。经营意志对于企业发展来说，是最不可忽略的，也是决定企业兴衰存亡的核心因素。培养经营意志是企业领导者和中高层管理人员的必修课。

活下去
增强意志，战胜显性灾难，防范隐性灾难

　　意志一词，大家经常会用到，但要想清楚表述其内涵并不容易。哲学家的一个主要任务就是使知识更加系统，使思想更加清晰。我借用哲学家叔本华的观点来解释意志，即"意志是真实的自我，肉体是意志的表现""我的意志使自己客观化为肉体，表现为有生命的有机体""求生的愿望是生命的基本原则""意志或冲动引导动物成长，支配它的一切活动""在人和高级动物那里，这种原始的冲动是有意识的"。

　　一言以蔽之，人的意志反映的是最真实、最根本的自我，意志的冲动驱动人有意识地谋求生存。按照叔本华的观点，由人组成的企业的经营意志，正如企业真实的自我，它的冲动引导或驱动企业成长，保证企业能够健康长久地"活下去"。

　　"活下去"的冲动，驱动着企业按照经营逻辑自我成长，使之持续不断地向前发展。企业在发展的旅程中，要想健康长久地"活下去"，就必须战胜各种经营风险或灾难，这些都是不可避免且极为艰难的事情。经营灾难可以被

简单地划分为显性和隐性两种，经营意志最主要的作用，就是驱动企业战胜显性灾难，防范隐性灾难，以实现自己健康长久"活下去"的愿望。

任正非面对内外矛盾常常做噩梦。雷军认为创业是无比痛苦的人生经历、意志顽强应该成为企业领导者的"标配"。

网上流传着任正非数百篇讲话稿和文章，从中不难窥见他创业的艰辛。正如他在 2011 年发表的《一江春水向东流》中坦露的：

2002 年，公司差点崩溃了。IT 泡沫的破灭，公司内外矛盾的交集，我却无能为力控制这个公司。有半年时间都是噩梦，梦醒时常常哭。

大部分创业者可能都有过这种噩梦般的感受。2015 年 6 月 2 日，小米科技董事长雷军颇有感触地分享心得，认为创业不易，一旦选择创业，就意味着选择了一个无比痛苦的人生，你必须独自面对压力、困惑。别人是不会理解的，甚至会看不起你，真正成功的人只是极少数，绝大部分创业者都成了铺路石。

提及不可避免的经营灾难和必将经历的经营痛苦，我无非是想提醒准备创业或正在创业的人，除了憧憬创业成功的成就与喜悦，还必须反躬自问：自己的意志是否足够顽强，自己是否愿意百折不挠地去达成创业目标。如果结论是否定的，就不要轻易踏上（或者赶紧撤离）创业这条道路，以免把自己和家人拖入深渊。

人的意志能否增强？如何增强？可谓言人人殊。有的人认为，意志顽强与否是与生俱来的，生来顽强的人，做事总能百折不挠，不达目的誓不罢休；有的人则认为，意志顽强与否并非天生，通过后天的学习和培养，明白一些道理后，就能逐步增强；还有的人认为，意志顽强与否需要经历灾难的考验和磨砺，意志在灾难的考验中可以愈挫愈强。事实上，与生俱来的顽强意志是既不可遇也不可求的，唯有在学习明理中坚定意志、在灾难磨砺中增强意志，才是可遇也可求之法。

创办企业或经营企业，对人的考验是极其严苛的。面对内部的人心复杂及外部的环境变换，企业领导者如果意志不够顽强，他们似乎难以挺过各种经营灾难。哪怕有任正非这样的领导者，华为也多次差点没能"活下去"。

任正非说："从泥坑里爬起来的人就是圣人。"经营企业难免会遇到经营风险或灾难，能否战胜显性灾难，防范隐性灾难，这考验和磨砺着企业领导者的经营意志。企业要想健康长久地"活下去"，顽强的意志应该成为企业领导者的标配。

2001 年，IT 冬天里的华为，遇到了内部骨干辞职潮，是任正非的经营意志驱动华为战胜了那次显性灾难。

2001 年对于华为来说，是一个特殊的年份，用"内忧外患"来形容当时华为的处境，是再恰当不过的。外部正在袭来的，是全球金融风暴所引发的 IT 寒冬，电信市场网络建设投资锐减，华为公司的发展被踩下了急刹车，销售收入增速开始急剧下降；内部正在蔓延的，是员工对公司前途担忧所萌生的悲观情绪，加上任正非《华为的冬天》一文在公司内部引起的不安，公司内出现了较大程度的"军心动摇"。

在这一年，为了度过 IT 寒冬，华为把旗下的安圣电气卖给了美国艾默生公司，还计划变卖其他产品线。

当时，把华为逼到绝境的，有内忧也有外患，但从《华为的冬天》一文来看，任正非似乎更担心内忧。他在文中强调，应对外部危机最好的办法是进行内部改进，从利益分配、业务创新、规范管理、变革管理等方面练好内功，提升公司应对恶劣环境的能力。任正非希望以此来稳定军心。

也是在 2001 年，屋漏偏逢连夜雨，任正非最不希望的事情还是发生了。2000 年从华为离职创业的原常务副总裁李一男创办的港湾网络有限公司开始正式研制数据通信产品，进入国内电信运营商市场，拉开架势跟华为进行正面竞争。接下来的两三年里，港湾网络吸引了一批来自华为的高管和骨干加盟，这对华为组织的稳定性造成了巨大冲击，也对华为数据通信、光传输产品等方面的发展造成了极大阻碍。

李一男当年是华为公司核心高管、产品研发专家，一度被视为任正非的接班人。在离开华为之前，李一男担任过华为产品营销委员会主任，那时我是华为新业务产品营销部的总监助理，有机会参加他组织的一些会议，并向他汇报工作。这个年龄比我还小一岁的公司副总，给我留下的印象不是少年得志的意气风发，而是过于老成的身心俱疲。

李一男创办的港湾网络，后来主要经营数据通信产品和光网络产品，与我当时在华为负责营销的新业务相去甚远，他这次创业对我负责的业务没有产生太大影响，但我身边熟悉的同事有一些陆续投奔了他。

港湾网络的行为，对准备过冬的华为来说，无疑是雪上加霜，华为被打了个措手不及。

在内忧外患下，任正非压力巨大。那时关于任正非严重抑郁、疾病缠身的消息，在华为内部不胫而走，甚至还有"任正非考虑变卖整个华为"的传言。这些在任正非《一江春水向东流》等文章中都有所表述。

内外交困、心力交瘁，但任正非依然以顽强的意志驱动着华为进行绝地反击。他把反击的重点放在应对港湾网络的挑战上，在公司内部成立了专门的机构，聚合公司的全部力量"阻击"港湾网络。

当时，作为一名市场干部的我，参加过多次动员会，后来，华为顶住了港湾的进攻态势，遏制了干部和骨干的进一步流失，硬是挺过了那场寒冬，最后还收购了港湾。之后，华为再也没有出现过伤筋动骨的骨干流失事件，为后来的健康、快速发展奠定了坚实的基础。

内忧严重影响企业的管理和发展，此类挑战新东方也遇到过。2019 年 11 月 22 日至 23 日，在北京举办的"第十二届创业家年会"上，新东方董事长俞敏洪说，他与王强、徐小平等合伙人在合作过程中有过很激烈的矛盾，如果没能及时解决，新东方早就烟消云散了。只不过，俞敏洪没有像任正非那样采取激烈的手段，而是运用"让步"的方式，保障了公司的运营。

《论语·季氏》中说："吾恐季孙之忧，不在颛臾，而在萧墙之内也。"企业内部灾难一旦爆发，往往最凶险、最致命，也最考验企业领导者的经营意志。2001 年发生的内部骨干流失潮，使华为差点死于那场寒冬，是任正非的经营意志驱动华为战胜了那次显性灾难。

防范隐性灾难，是经营意志的另一种主要作用。在华为高歌猛进时，任

正非的顽强意志总能驱动团队居安思危、防患于未然。

20 世纪 90 年代，华为人的集体意志"爆棚"，上上下下都以主人翁自居，无论什么场合，华为人总是忍不住要表达对华为的认同和自豪。1997 年前后，华为内部浮躁风气开始盛行，靠表面功夫上位的干部有所增加，踏实肯干的人反而坐起了冷板凳。对此，任正非严厉批评了人力资源部的干部："你们总是不提拔踏踏实实工作的人，嫌人家笨，老是去提拔那些聪明的'百灵鸟'，'百灵鸟'的工资总涨，结果华为公司就是只会唱歌。"〇

对于华为内部的隐性灾难，任正非堪称"世人皆醉我独醒"，有着自己敏锐的洞察。在《华为的冬天》一文中，任正非十分担心地说："我们公司的太平时间太长了，在和平时期升的官太多了，这也许就是我们的灾难。泰坦尼克号也是在一片欢呼声中出的海。而且我相信，这一天一定会到来。面对这样的未来，我们怎样来处理，我们是不是思考过。我们好多员工盲目自豪，盲目乐观，如果想过的人太少，也许就快来临了。居安思危，不是危言耸听。"

为了防范可能滋生的经营灾难，2000 年左右，任正非在华为公司内部提出"多一点打工意识，少一点主人翁心态"的倡议。我第一次听到这句话的时候，感觉自己和华为的关系发生了"质"的变化——一下子从原来温情、亲近的家人关系转变为冰冷、功利的劳资关系，不少华为人也有同感。这句话给盲目自豪、盲目乐观的华为人浇了一瓢凉水，一定程度上削弱了华为人的意志。我现在想来，港湾事件中华为高管与骨干的规模出走，与此或许不

〇 引自任正非 1998 年对培训中心各负责人的讲话。

无关系。回头来看，这种防微杜渐式的纠偏，竟然让华为付出了如此沉重的代价，这应该是任正非始料未及也不愿看到的。但为了防范隐患、防范这种隐患进一步发酵可能引发的显性经营灾难，通过倡导"多一点打工意识，少一点主人翁心态"，促使华为人"爆棚"的经营意志回归常态，这是无可厚非的。华为后来的发展证明，抑制过于高涨的意志，使华为人回归了理性与平实，为全面推广应用 IBM 等机构辅导的管理变革奠定了扎实的基础。这种结果当然是任正非希望看到的。

《韩非子·喻老》中说："千丈之堤，以蝼蚁之穴溃；百尺之室，以突隙之烟焚。"企业巨大的经营灾难往往是由一些不易觉察的事情引起的。对经济周期性起伏洞察不够，企业经营没有引起警觉，经营意志未能驱动企业在发展顺利时做出必要应对，这些都可能引发意想不到的灾难。因此，驱动企业防患于未然，是经营意志的另一个重要作用。

防范显性灾难和隐性灾难是华为不断胜利的保障，敢于胜利是华为集体意志的综合体现。

从华为发布的历年年报中能够看到，华为 2002 年的销售收入是 175 亿元，2020 年的销售收入是 8914 亿元，期间每一年的销售收入都在稳步增长。"华为老兵"都知道，华为销售收入持续增长岂止从 2002 年开始，其实最早可以追溯到创业时期，尤其是在 1995—2000 年，年增长率接近 100%。销售收入的不断提升，是华为产品创新、市场开拓、管理变革的直接回馈，突出展现了华为经营集体敢于胜利的顽强意志。在 2007 年发表的《敢于胜利，才能善于胜利》一文中，任正非明确表达："正职必须清晰地理解公司的战略方向，对工作有周密的策划，有决心，有意志，有毅力，富于自我牺牲精神。（正职）能带领团队，不断实现新的突破。"华为很早就注意到了部门正职的意志力不仅决定着部门的团队意志，而且影响着公司的集体意志，认为只有正职具备"敢于胜利"的顽强意志，才可能提升团队"善于胜利"的能力，并且为公司最终形成"不断胜利"的局面贡献价值。

2018 年 12 月 1 日，孟晚舟在加拿大转机时身陷困境，直至 2021 年 9 月 24 日才顺利回国。在左右踟蹰、日夜徘徊、山重水复的 1028 天中，孟晚舟经受住了刻骨铭心的考验，展现出一位华为正职应有的"敢于胜利"的顽强意志。在返回阔别 3 年的祖国的航班上，百战归来的孟晚舟感慨地用文字表述了她的心境："泪水抱怨化解不了愁苦，伤春悲秋翻越不过泥泞，与其困顿挣扎，不如心向阳光，冲出阴霾。有些风浪，难免艰险，唯有直面才能扬帆远航；有些抵达，难免迂回，历尽波折终会停泊靠岸。无数次奔跑，无数次跌倒，唯有此次让我倍感坚强；无数次出发，无数次归家，唯有此次让我热泪盈眶。"一个柔弱女子坚强的一面跃然纸上，这种坚强的意志不仅感动了她自己，更感动了关心她的家人和同胞们。

孟晚舟的坚强意志，并非一日之功，早在她以往的工作中得到了充分展现。2017 年 9 月，孟晚舟在清华大学校园招聘会上发表了题为《除了胜利，我们别无选择》的演讲，其间分享了一段经历："2011 年，日本 9.0 级地震，引发福岛核泄漏。当别的电信设备供应商撤离日本时，华为选择了留下来，地震后一周，我飞到日本，整个航班连我在内只有两个人。在代表处开会，余震刚来时，大家脸色刹变，到后面就习以为常了。与此同时，华为的工程师穿着防护服，走向福岛，抢修通信设备。勇敢并不是不害怕，而是心中有信念。"孟晚舟的坚强意志打动了莘莘学子，其中不少人后来进入了华为。

《史记·廉颇蔺相如列传》中说："其道远险狭，譬之犹两鼠斗于穴中，将勇者胜。"孟晚舟勇敢的心态和言行，其实是华为人日常工作状态的缩影，彰显了"敢于胜利"的华为集体意志，这种意志对华为最显著的驱动体现在战略追求上。华为之所以选用业务领先模型这一战略工具，就因为其真实的意图是聚焦通信信息这条"狭路"，迎接各种挑战，不断实现技术领先、产品领先、市场领先、服务领先，敢于争取"超越所有对手，攻入无人地带"的非同寻常的经营胜利。

影响意志的既有物质欲望，也有道义追求，只有二者达到平衡，才能更好地支撑经营意志驱动企业发展。

驱动企业战胜显性灾难，防范隐性灾难，是经营意志最主要的作用。但意志"爆棚"或"低迷"，以及这两种状态的交替出现，总是在所难免的。到底是什么因素在影响意志的变化呢？如何才能坚定意志呢？

叔本华指出，意志是世界的本体，自觉的意志体现在人身上；但人越是自觉，就越是痛苦，他必须不断求生存，因恐惧死亡而奋力挣扎。意志的本质就是挣扎，它没有目的、没有满足，欲望的暂时满足也立刻导致空虚无聊。为了求生存，人的意志会不断追求满足生存所需的物质，意志的这种物质欲望是永远不知满足的，如果任由意志无节制地追逐物质，意志就会一直痛苦下去。叔本华进一步提出减轻意志痛苦的办法，"禁欲"就是其中一种。人通过"禁欲"的自律生活获得解脱，达到甚至超越善和仁爱的境界，进而获得内心的愉快和真正的宁静。

关于人心里的物质欲望（即人欲），王阳明有这样的表述："只要去人欲、存天理，方是功夫。静时念念去人欲、存天理，动时念念去人欲、存天理，不管宁静不宁静。"人心里若存有过度的私欲，就会遮蔽内心本有的天理。只有把物质欲望缩减到合理的程度，天理或良知才能显现，内心才能光明，才能获得真正的快乐。

叔本华和王阳明都在告诉我们，意志或人心都会受到物质欲望的诱惑及善、仁爱、天理或良知等道义追求的影响，减少物质欲望甚至进行必要的"禁欲"，提升道义追求，才能获得快乐，才能培养坚定的意志。

不难理解，企业领导者或集体的经营意志，也与物质欲望（即"逐利"）及包括善、仁爱、天理或良知在内的道义追求（即"取义"）相关，要想坚定意志，"逐利"与"取义"二者缺一不可。但二者之间可能存在次序问题。当年我进入华为，深受任正非"买大阳台房子，准备在阳台上晒钱，防止钱发霉"的理念鼓舞，首先想的是什么时候才能赚到买房子的钱，也能有足够的钱可晒。满足物质欲望，是我加入华为的"初心"，事实上，只有在这个"初心"逐步实现之后，华为倡导的那些道义追求才在我的意识中渐渐实在起来，也只有这样，我才坚定了长期为华为奋斗的意志。这样的心路历程，在华为具有代表性，我理解这其实是华为坚定员工奋斗意志的常规做法。

董仲舒在《春秋繁露》中说道："利以养其体，义以养其心。"影响人心或意志的，既有物质欲望，也有道义追求。任正非说的"多一点打工意识，少一点主人翁心态"，可以理解为把道义追求过分高涨的华为人再次导向物质欲望，使二者重新达到平衡，确保经营意志持续坚定地驱动华为战胜显性灾难，防范隐性灾难。

经营意志是"体"，经营事物是"用"，要从根本上管理好企业的人和事，就必须重视经营意志的建设；要做到"体"和"用"的统一，就需要把经营意志和经营事物结合起来。

经营意志归根结底是企业人的意志，坚定经营意志，除了要清楚物质欲望和道义追求对意志的影响，为了使企业人在经营事务中战胜显性灾难，防范隐性灾难，还有必要进一步认知什么是人。

关于人的认知，西方哲学有较为系统的探索。康德作为西方哲学集大成者，对人的认知主要是从感性、知性、理性角度入手。"康德说知性把它的规律给予自然（即感性提供的对自然界的感觉内容），这就是他的意思，这就是他引进的哲学中的哥白尼革命"，也就是人的知性为自然立法，人因此可以认知自然和改造自然。"理性迫使我们认为自己从属于道德世界秩序，其中幸福和道德是有联系的"，人的"意志"可以自由选择是否遵从道德，从而获得幸福。叔本华认为，"我的意志是唯一的""我的意志和全宇宙的意志也是等同的"。根据这个观点，世界是"意志"的表象，宇宙自觉的"意志"体现在人身上，人的"意志"反映了宇宙的"意志"。

综合以上康德和叔本华的观点，人的自由意志自觉地选择道德律且受其引导，由此将"自由意志"在对象化的实践中实现，就能创造符合道德律的理想世界。在这方面，儒家也有相似的观点，认为人人皆可为尧舜，即人们通过努力，居"仁"求"义"，"由仁义行"，就可以构建充满道义的、美好的社会，甚至大同世界。

根据这些中西方哲学观点，从本质上来说，人是一种自觉的灵长类动物，如果愿意运用或遵从道德律去改造世界万物，世界就可能变得更美好。

同样的道理，如果能够引导经营集体运用或遵从道德律，去积极改进企业经营事物，就有可能管理好企业，并战胜显性的灾难事物，防范隐性的灾难事物。换言之，以遵从道德律的"意志"驱动遵从自然律的事物，企业就可能获得健康、快速的发展。2001 年，根据华为内部传播的消息，是前核心高管违背与华为约定的禁业限制在先，华为反击是为了保护应有的权益，符合道德律或者说道义。任正非以遵从道义的"意志"驱动华为战胜骨干流失潮，迎来了日后健康、快速的大发展。

《大学》中说："物有本末，事有终始，知所先后，则近道矣。"归根结底，人的"意志"是"本"或"体"，经营事物是"末"或"用"，二者不可分割或偏废。对于中国企业而言，目前普遍存在的现象是重视企业经营事物这个"末"或"用"，轻视企业经营意志这个"本"或"体"，导致不少企业员工"意志"薄弱，最终造成了这些企业经营乏力，难以战胜显性灾难，无法防范隐性灾难，从而陷入困局。

总而言之，经营意志最主要的作用就是在企业发展进程中，驱动企业战胜显性灾难、防范隐性灾难，健康长久地"活下去"。经营意志是"体"，经营事物是"用"，兼顾"体"与"用"，企业才能够治理好人、管理好事。

拧麻花

财散人聚，"义利"欲求双重驱动机制

关于经营灾难给华为带来的压力，在华为公司内部不会有人比任正非承受得更大。假如华为失败了，包括高管在内的绝大多数员工都可以另谋出路，而任正非的选择和机会显然少得可怜。1992 年前后，在资金链濒临断裂的时候，任正非就有过悲情表达，华为内部一直有这类传言。

盈利，尤其是能够持续不断地盈利，保证资金合理、充裕，是企业健康长久"活下去"的先决条件，也是企业经营意志面临的长期考验。

敢于胜利，坚定意志。华为通过利益相关部门"拧麻花"的方式，制定持续增长的年度销售目标，牵引公司快速发展。

2021 年 3 月 31 日，华为发布了 2020 年年报，销售收入达 8914 亿元，同比增长 3.8%；利润达 646 亿元，同比增长 3.2%。发布会上，华为轮值董事长胡厚崑总体评价 2020 年华为的经营成绩："经营稳健，现金流健康。"从华为近 5 年的年报中可以看出，前 4 年华为销售收入每年增长率不低于 13%，2020 年即使面对美国及其盟国釜底抽薪式的对抗，也依然增长了 3.8%，让世

界为之震惊。2020 年的经营业绩再一次证明，华为公司拥有强大的、持续的赚钱能力，华为是一个名副其实、出类拔萃的优秀商业组织。

2001 年，我成为华为市场部的一名中层干部，开始有资格参加市场部的年度大会。华为市场部的年度大会除了总结上一年的销售业绩，最重要的一项内容就是汇报、沟通和签署来年的销售目标，包括销售的收入目标、利润目标、回款目标、市场占有目标、空白市场进入目标等。

销售目标的沟通大致可以分为横向和纵向两种。横向沟通主要是指各代表处和各产品行销部之间的沟通。华为每个产品行销部都希望自己负责的产品在各个代表处尽可能多销售一些，而代表处则希望自己的压力不要过大，于是会尽可能地降低一些产品的销售目标。两种力量相互对抗，双方往往吵得不可开交，直到彼此都认为可以接受。纵向沟通发生在上下级之间，譬如各代表处、各产品行销部与公司营销管理委员会的沟通。其实，经过激烈的横向沟通之后，各代表处和各产品行销部汇总的销售目标，往往能够达到或接近公司的期望值，因此纵向沟通就相对简单，主要是销售目标的微调、确认和签署。华为各代表处和各产品行销部之间，各代表处、各产品行销部与公司营销管理委员会之间，关于销售目标的沟通，经常被市场部的干部们戏称为"拧麻花"，意思是通过相互博弈把销售目标定得尽可能高且有可能实现。

华为年度销售目标的沟通和签署有一个"潜规则"，即下一年的销售目标相较于上一年的销售结果，增长基本不低于 50%。无论各部门之间的沟通多么激烈，大家都会心知肚明地共同遵守这个底线，因为这是确保华为公司快速发展的一个关键因素。

从华为历年的年报中也可以看到，华为每年的销售收入都会比上一年有较大幅度的增长，虽然不是每年的增长率都能达到 50%，但华为人相信，在力所能及的情况下，将销售目标尽可能定高一点，可以有效牵引公司发展。这种每年增长 50% 左右的销售目标，是华为经营意志的一种体现，为华为健康快速发展提供了牵引力。

《帝范·卷四》中唐太宗说："取法于上，仅得为中，取法于中，故为其下。"企业应坚定经营意志，敢于胜利，用"拧麻花"的方式制定兼具牵引力和可行性的销售目标，驱动企业取得更理想的经营业绩。

善于胜利，华为以"拧麻花"的方式落实"财散人聚""论功行赏"的利益分配方案，持续增强奋斗意志。

企业要敢于胜利，就有必要制定兼具牵引力和可行性的销售目标，但要做到善于胜利，支撑企业完成年度销售目标，则需要懂得如何增强经营意志。

日本企业从其传统文化中吸取养分，成功指导经营管理实践，有效增强企业经营意志的做法，能够给予我们有益的启示。2019 年 1 月 1 日，在云南丽江举办的"第四届慧谷家族年会"上，日本专家后藤俊夫分享称日本长寿企业的基因与中国的儒学息息相关，比如先义后利。儒学于东晋时期传到日本，距今已有 1600 多年，已成为日本本土传统文化的重要养料。日本现代企业从本土传统文化中吸收优秀成分，包括仁、义、礼、智、信等儒家观念，这些思想观念对坚定经营意志十分有利，是促成日本企业长寿的重要原因之一。

中国企业也有必要从中华传统文化中吸收和转化优秀观念，并将其落实到经营管理实践中，以此坚定经营意志，驱动企业健康长久地"活下去"。在2015年发表的《彭剑锋专访任正非纪要》中，任正非讲了这样一段话。

华为人的付出不是白付出，而是要让付出者有回报，华为人创造了价值要回报价值创造者，机会要向奋斗者倾斜，我们奉行不让"雷锋"吃亏的理念，建立了一套基本合理的评价机制，并基于评价给予回报，尽量给员工提供好的工作、生活、保险、医疗保健条件，给员工持股分红并提供业界有竞争力的薪酬。华为倡导以奋斗者为本，华为的人力资源机制和评价体系要识别奋斗者，价值分配要导向冲锋，价值分配要以奋斗者为本，导向员工的持续奋斗，激励奋斗者。

从以上任正非的讲话中，我们不难理解华为的价值分配（或者说利益分配），这是一种践行任正非所倡导的"财散人聚"观念，并以利益共享为基础、以论功行赏为牵引的机制。《华为基本法》明确表述，"普惠认同华为的模范员工，结成公司与员工的利益与命运共同体""我们决不让'雷锋'吃亏，奉献者定当得到合理的回报"等。早在20世纪90年代，"财散人聚"的观念就在华为内部广为传播，且这个观念的落实往往会超出华为人的预期，因此也使华为吸引和留存了大量人才，他们意志坚定地跟着任正非一起奋斗。"财散人聚"就源自中华传统文化儒家经典《大学》，原文是"财聚则民散，财散则民聚"。

华为公司的员工持股制度，早在我 1996 年进入华为之前就已经实施。我于 1996 年 10 月入职华为，在 1997 年 5 月参与评定上一年业绩、分配利益的时候，我的主管、多媒体产品营销部总监王盛跟我沟通，他比较满意我的工作表现，表示会向公司建议给我发放 2 万元的奖金，以及配股 2 万股。我听到这个消息时喜出望外，这次分配的是上一年的利益，而我上一年大部分时间都在接受公司培训，到部门工作的时间很短，要说对部门还有点贡献的话，那也是 1997 年上半年那几个月的事情了。那个时候的 2 万元，接近我当年在南昌工作时一年半的薪水。总之，第一次参与公司年终利益分配，就充分享受到了华为"财散人聚"的利益共享红利，这与我下海到深圳、到华为赚钱的"初心"十分契合，且远远超出了自己的期望值，这也坚定了我留在华为奋斗的意志。我享受的这次"喜出望外"的利益分配并非个例，大多数华为人都碰到过，这是华为落实"财散人聚"利益分配观念的必然结果。

《海底捞你学不会》是 2011 年由黄铁鹰所著的一本畅销书，书中介绍了海底捞的一份独特而丰厚的"嫁妆"：不论什么原因，小区经理走，海底捞给 20 万元；大区经理以上的人员走，海底捞会送一间火锅店，差不多 800 万元。海底捞的这种做法，体现了对干部的普惠性关爱。另外，"双手改变命运"的价值观也不断引导海底捞完善自己的薪酬体系和晋升通道，坚持多劳多得的原则，激发干部及员工们的勤奋、热情，引导他们积极创造价值。海底捞的普惠关爱和多劳多得，与华为的利益共享与论功行赏有着异曲同工之妙，"财聚则民散，财散则民聚"的观念在海底捞也得到了实证，有效增强了海底捞员工的意志。

"财散人聚""论功行赏"是中华传统文化中的代表性观念。"财散人聚"是老板利益与员工利益"拧麻花",主要考验老板的心胸,"拧麻花"的结果越有利于员工,员工跟着老板奋斗的意志就越强。"论功行赏"是员工利益与员工利益"拧麻花",主要考验老板的分配能力,"拧麻花"的结果越公平,员工跟着老板奋斗的意志也就越强。

《史记·货殖列传》中说:"天下熙熙,皆为利来;天下攘攘,皆为利往。"在吸收和运用中华优秀传统文化进行利益分配等经营管理实践时,比大多数企业更积极、更到位、更公平的举措,是华为、海底捞等企业增强员工奋斗意志的重要抓手。

追根溯源,理解和认同"义利兼顾"的思想观念,把"义""利"欲求等力量作为主要抓手,并把它们拧成坚实的麻花,从根本上支撑企业增强经营意志。

在上一节中,我们探讨过影响意志的因素,既有物质欲望,又有道义追求。华为落实的"财散人聚""论功行赏"分配机制,直观上给人的感觉主要涉及物质欲望,属于"逐利"的范畴,但略加分析不难发现,其中还蕴含了利益分享或分配的合理性问题,这就涉及"取义"的内容。在企业内部进行利益分配,如何处理好"逐利"与"取义"两种欲求之间的关系,如何通过"逐利"与"取义"增强集体的经营意志,是企业经营管理绕不开的重要问题。

在中华传统文化中,经常把追求物质欲望称作"逐利",把实现道义追求称作"取义",把思辨二者在为人处世中的价值和运用称作"义利之辩"。中国历史上积累的"义利之辩"内容十分丰富，早在先秦时期，"义利之辩"就是诸子百家思辨的一个重要主题。

虽然多数学派不直接谈"义"，但他们大多通过阐述合理地对待"利"，来表达各自理解的"义"。相对系统且完整阐述"义利之辩"的首推以孔孟为代表的儒家，他们主张"先义后利""重义轻利"。老子也早已以不同于孔孟的方式思考了"义"和"利"的关系，如《道德经》所表述的："水善利万物而不争。"指出行"义"如水，不争而让"利"。杨朱主张的"义"，如《列子·杨朱》所表述的："损一毫利天下，不与也；悉天下奉一身，不取也。"人不应该被胁迫去为天下人让"利"，也不应该损害天下人来为自己牟"利"。墨子主张的"义"，如《墨子·兼爱》所表述的："仁人之所以为事者，必兴天下之利，除天下之害。"人要舍去小我，全力以赴地为天下人兴"利"、除害。韩非子主张的"义"，正如《韩非子·六反》所表述的："使民以力得富，以事致贵，以过受罪，以功致赏，而不念慈惠之赐，此帝王之政也。"就是说，君主要对民众论功行赏，对"利"进行公平赏罚。

"义利之辩"对后世影响最大的，还要数儒家。不像其他学派对"义"言不尽意，儒家不但能够像其他学派那样谈论"利"，还能够直接言及"义"。孔子主张的"义"，如《论语·里仁篇》所表述的："君子喻于义，小人喻于利。"君子看重大义，百姓看重利益，君子应为百姓谋"利"以践行"义"。孟子主张的"义"，如《孟子·梁惠王上》所说的："王何必曰利？亦有仁义而已矣。"认为君主不应该总是想着自己的"利"，而应该着眼于为百姓施行"仁义"。董仲舒主张的"义"，如《春秋繁露》所说的："利以养其体，义以养其心。心不得义不能乐，体不得利不能安。""正其道不谋其利。"人应该兼顾义与利以修养身心，但他还主张"先义后利"。

从本质上来看，诸子百家对于"义"的理解，底线是以杨朱为代表的不损他人之"利"，顶峰是以墨子为代表的摩顶放踵以"利"他，执两用中的是儒家。儒家主张人应该获取适宜的、合于"仁义"之道的"利"，我把儒家的这种观念称作"义利兼顾"。

儒家不走极端，"义利兼顾"是在对"义""利"两种欲求不断地"拧麻花"，使"义""利"达到合理平衡，中国社会历来对此认同度较高。事实上，儒家实施"义利兼顾"时，大多会既坚持利益共享的原则，又不反对借用法家主张的论功行赏的方法。中国企业领导者要想增强集体的经营意志、让企业健康长久地"活下去"，就有必要认真对待儒家"义利兼顾"的思想观念。

任正非在利益共享方面做得比较彻底，通过逐年稀释自己股份的方式让利员工，至今任正非持有的华为股份不到1%。这种彻底的"利益共享"，目前中国企业家中还没有人能超过任正非。2007年，任正非说："员工不能成为守财奴，不能成为金钱的奴隶，丰厚的薪酬是为了通过优裕、高雅的生活，激发人们更加努力去工作、有效地奋斗，不是使我们精神自闭、自锁"。[一]从中我们不难窥见华为与员工"利益共享"的涉及面之广，惠及绝大多数员工，这是一般企业难以企及的。当然，关于如何实现公平分配，华为有自己的基本原则，《华为基本法》有明确表述，第五条"我们决不让'雷锋'吃亏，奉

一 引自任正非2007年发表的《要快乐地度过充满困难的一生》。

献者定当得到合理的回报”，第十九条“按劳分配的依据是：能力、责任、贡献和工作态度”。可见，华为奉行按劳分配、多劳多得，即论功行赏。

华为的“利益共享”和“论功行赏”的价值分配机制，可以追溯到兼容了法家方法的儒家“义利兼顾”思想观念，是对“义利兼顾”思想观念的积极实践，发挥了儒家和法家的思想之长，规避了道家、墨家的思想之短，对华为人增强奋斗意志起到了积极作用。

“义利兼顾”的思想观念，不但被华为用来指导“利”的分配，也被用在经营管理的其他方面，譬如，用在提升干部的道德素养方面。2005年之后，随着干部的收入增多，华为内部生活腐化、职业犯罪、私德不检点等情况时有发生。为了端正风气，华为开始大力倡导“小胜靠智，大胜在德”，把道德作为干部任用的一票否决标准，罢免了一些“道义”上存在明显过失的干部，这对稳定团队、坚定大多数干部的经营意志，起到了积极作用。

中国企业在经营管理实践中，可以把由“义”“利”欲求等力量作为主要抓手，并把它们拧成麻花，保障企业获得“义”和“利”的双重驱动，坚定企业的经营意志，驱动企业健康长久地“活下去”。

大胜在德
惟德动天，无远弗届的驱动力

1987 年以 2.1 万元注册的华为公司，从一个任正非眼中"个体户"般的小微企业起步，一路披荆斩棘，奇迹般地快速发展了 30 多年，最终从中国乃至世界众多通信信息企业中脱颖而出，在商场上取得了令世界瞩目的巨大成就，成长为年销售收入近 9000 亿元的世界级企业。华为在商业竞争中能够取得如此巨大的胜利，它依靠的是什么？这个问题从不同的视角观察，可能会得出不同的结论，本节我们依然从意志的角度进一步分析。

华为经过涅槃重生，取得了商业领域的"大胜"，成长为年销售收入近 9000 亿元的世界级知名企业，根本上依靠的是什么？

1996 年前后在华为工作过的人都应该记得，在市场部集体大辞职期间，任正非用"烧不死的鸟是凤凰"的观念倡导干部们能上能下，一方面希望每位市场部干部辞去他们当时的职务，另一方面又鼓励他们竞争自己中意的岗位，并坦然接受公司的挑选。

我 1996 年 10 月入职华为时就听说公司正在进行市场部集体大辞职，不久之后，市场部就产生了几位"烧不死的鸟"。经过这次集体大辞职的历练，华为市场部犹如浴火重生，变成一支听指挥、能打仗、打胜仗的市场劲旅，华为市场部成了任正非口中的"凤凰"。

在华为的发展历程中，几乎每一次重大进步之前，都会经历一次浴火重生。1990 年，作为一个纯粹的通信产品代理商，华为遭到上游厂家釜底抽薪式的断供代理产品，在走投无路的情况下，华为开始自主研发产品，险中求生，变成了通信设备研制商；1992 年，华为斥巨资研制万门程控交换机，经历了核心技术难以突破、市场迟迟得不到供货、员工半年没有领到工资的危局之后，在破产边缘徘徊之际终于研制成功，华为成长为中国通信运营商市场上的一支劲旅；1997 年，华为被竞争对手恶意诬告欠员工、欠客户、欠国家（税）等各种款项，导致华为半年没有订单，竭尽全力澄清中伤之后，华为高歌猛进，很快突破了年销售收入过百亿的大关，变成了营收达百亿级的大企业；2001 年，华为遭遇 IT 寒冬和港湾事件，差点难以为继，甚至考虑变卖整个公司，然而绝地反击之后，华为开始不断突破，并逐步迎来了在全球市场节节胜利的大好形势；2018 年，正当华为要领航全球通信信息行业之际，美国施压，加上之后的孟晚舟事件，华为遭遇了有史以来最大的风险，但时至今日，华为依然经营稳健、现金流健康。

在经受了一系列如炼狱般的考验之后，任正非和华为集体的经营意志不但没有被击垮，反而一次次浴火重生、越挫越勇，把华为打造成了世界级的知名企业。华为的行为和成功很好地诠释了"烧不死的鸟是凤凰"这一观念，也证明了任正非和华为都无愧于"烧不死的鸟"这个称号。

无独有偶，日本京瓷在其发展历程中，先后经历了 5 次大萧条，但其没有被危机打倒，反而节节胜利，取得了巨大成就。2016 年 9 月 4 日，在沈阳报告会上，稻盛和夫在做题为"萧条中飞跃的大智慧"的演讲时提及，在 57 年的发展中，京瓷没有出现过一次年度亏损，实现了企业顺利成长、发展的目标，但是回顾这半个多世纪的发展过程，京瓷曾遭遇多次严重的经济萧条，包括 20 世纪 70 年代的石油危机，20 世纪 80 年代的日元升值危机，20 世纪 90 年代的经济泡沫破裂危机，21 世纪初的 IT 泡沫破裂危机，以及 2008 年的华尔街金融海啸等。每次面临经济萧条时，稻盛总是忧心忡忡，夜不能寐，但为了克服萧条，他不懈努力，每一次渡过难关后，京瓷的规模都会成倍扩张。在一次次的浴火重生后，稻盛和夫及其经营集体的经营意志经受住了考验，越战越勇，取得了越来越大的商业胜利。

《世说新语》中说："小富靠勤，中富靠智，大富靠德，小胜靠智，大胜靠德。"前面一节中分析过，中国企业把"义"与"利"两种欲求组成的两股力量拧成麻花，可以坚定企业的经营意志，驱动企业健康长久地"活下去"。传统文化中"德"与"义"大抵相同。使华为、京瓷等公司的经营意志坚定到足以驱动企业取得"大胜"的，按照"大富靠德""大胜靠德"的观点，根本卜要依靠"德"，即"义"与"利"之中的"义"。

从需求的最初始等级开始，在趋向更高等级的过程中，人"逐利"渐消、"取义"日长，意志得以逐步增强。

近儿年在服务企业的时候，我经常听到企业领导者抱怨员工的主动性、进取性、创新性令人担忧。不仅发展乏力的企业如此，就连那些业绩还在增长、员工收入水涨船高的企业，也存在这种现象。企业领导者虽然尝试过各种办法来增强大家的意志，但因为奏效的思路或方法比较匮乏，多数时候只能摇头叹息。

正如《大学》所说："物有本末，事有终始。知所先后，则近道矣。"要做成一件事情，就需要把握其根本，遵循其次第。意志的增强应该也不例外。

马斯洛把人的需求划分为生理、安全、归属与爱、尊重、自我实现五个等级，人基本上是按照这五个等级，由低向高不断追求的。

《管子·牧民》中说："仓廪实而知礼节，衣食足而知荣辱。"对于大多数人来说，在马斯洛划分的五个等级中，人处于最初始的生理等级时，对"仓廪实""衣食足"的"逐利"欲求可能会更强烈一些；人处于最高的自我实现等级时，对"知礼节""知荣辱"的"取义"欲求可能会更自觉一些。"逐利"行为依赖外在事物，"取义"行为取决于内在价值。选择"取义"，人的意志不容易被瞬息万变的外在事物所影响，因而更容易坚强。简而言之，在从生理等级向自我实现等级发展的过程中，人对"逐利"的欲求渐消，对"取义"的欲求日长，且意志逐步得以增强。这真的是一种主要的变化趋向吗？

《韩非子·六反》中表达的观点有所不同："君人者虽足民，不能足使为天子，而桀未必为天子为足也，则虽足民，何可以为治也？"有的人，就是让他做天子他也不会满足，对"取义"不会有所欲求。韩非子说的只能算是极端情况，不具代表性。

但无论处在马斯洛说的哪个需求等级，人的意志中都包含了"逐利"与"取义"两种欲求，只是在不同需求等级中，二者的比重有所差别罢了。初始等级"逐利"欲求的比重较大,"取义"欲求的比重较小;最高等级"逐利"欲求的比重较小,"取义"欲求的比重较大。

《中庸·行远章》中说:"君子之道,辟如行远必自迩,辟如登高必自卑。"从需求的最初始等级开始,在趋向更高等级的过程中,人的"逐利"欲求渐消、"取义"欲求日长,意志也逐步得以增强。由此不难推论,在企业中,收入越微薄的基层员工,对"逐利"的欲求越强烈,要增强他们的意志,需要多些物质激励,使他们感受到高层领导在践行"义",而不是以"揠苗助长"的方式向他们高谈阔论"义"。只有当员工收入丰厚之后,才愿多些"取义"欲求,要增强他们的意志,可以多些精神激励。

"逐利"欲求渐消、"取义"欲求日长,使我的意志逐步增强,这种变化在华为人中具有较大的普遍性。

我入职华为时只有一个愿望:尽快挣到足够多的钱,让自己和家人摆脱生存上的不安全感。记得当时我还跟关系较好的同事畅想过,几年内要是能够挣到 50 万元就好了,那样的话,就应该不会有太大的生存问题了。

减轻生存压力。到了 1998 年,在华为工作了不到两年,我在南昌中山路洗马池这个繁华地段,全款购买了当时新开发的商品房。安居才能乐业,买了这套房之后,我感到生存压力减轻了一大半。同时我也庆幸自己加入了华为,才有了这么理想的收入,这也坚定了我在华为长期奋斗下去的意志。

建立安全感。奋斗意志的坚定,使我对夫妻两地分居的抱怨不再那么强烈,晚上做梦时大多会梦到工作,绩效也跟开了挂一样节节增长。1999 年,因为业绩突出,我被任命为华为新业务产品营销部片区经理,管理区域覆盖华北五省，个人收入也因此得到进一步增长。此时，我为华为奋斗的意志进一步坚定，职业安全感也一步步建立。

找到归属与爱。 2001 年，我被任命为华为新业务产品营销部总监助理，成为总监级干部，为此我感到相当自豪。记得那个时候，无论在工作还是生活中，我好像言必谈华为，偏执地维护华为的品牌形象。华为认可我，我也爱华为，把华为当作一个温暖的大家庭。为华为良好形象做贡献的"取义"意识，强化了我的奋斗意志。

获得尊重。 成为华为中高层干部之后，我在华为内部自然而然获得了更多同事的尊重，自己的社会影响力也发生了变化。家乡的一些政府机构到深圳招商引资，会联系我，我也会设法安排他们到华为参观。华为赋予了我职位和光环，使我获得了较多的尊重，因此我忠于华为事业的"取义"意识更加强烈了。

自我实现。 "家国天下"历来是中国人自我实现的路径。华为一直就重视把服务"家国天下"与发展华为事业相融合，譬如《华为基本法》第七条就明确表述，"为伟大祖国的繁荣昌盛，为中华民族的振兴，为自己和家人的幸福而不懈努力"，以此为华为人构建了一个自我实现的公共平台。2005 年，参与华为海外市场拓展之后，我对"家国天下"的感觉更加真切，"取义"意识进一步坚定，它们成为我内心的主体部分。

随着个人财富的积累，以及更高等级需求的实现，我的"逐利"欲求渐消、"取义"欲求日长，更加自觉地遵从华为所提倡的"小胜靠智，大胜靠德"，我的奋斗意志明显增强。这种经历在我的同事中并不鲜见，颇具普遍性。

正所谓"仓廪实而知礼节，衣食足而知荣辱"。能够坚定意志在华为公司持续工作 13 年之久，完全适应华为高强度、快节奏的工作，以及离开华为之后，坚定意志选择创办书院，从事这种偏公益性质的事业，这与我在华为获得了丰厚收益之后，日益增强的"取义"意识不无关系。

要自我实现甚至是超越自我，从而长期坚定经营意志，持之以恒地实践"德"或者说践行"取义"，是一个必然的选择。

也许是意识到了五个需求等级不足以完全概括人的需求，马斯洛增补了第六个等级——超越自我。

康德也说："世界上唯有两样东西能让我们的内心受到深深的震撼，一是我们头顶上灿烂的星空，一是我们内心崇高的道德法则。"要达到超越自我的境界，就必须遵循自然法则和市场规律，同时也要遵从道德律。

任正非和华为之所以一次次挺过了经营灾难，或许正是因为任正非在积极践行"取义"的过程中，带领华为人逐渐增强了经营意志，从而不断超越自我。这种"取义"的实践不仅要对内聚合，而且要对外调适，主动为客户和供应商等业务伙伴让利，譬如在 2009 年，任正非就对此做了明确指示。

深淘滩，就是不断地挖掘内部潜力，降低运作成本，为客户提供更有价值的服务。客户决不肯为你的光鲜以及高额的福利，多付出一分钱的。我们的任何渴望，除了用努力工作获得，别指望天上掉馅饼。公司短期不理智的福利政策，就是饮鸩止渴。低作堰，就是节制自己的贪欲，自己留存的利润

低一些，多一些让利给客户，以及善待上游供应商。

"取义"欲求支撑着任正非带领华为人浴火重生，积极超越自我，获得了业务伙伴们的认可，取得了巨大的商业胜利，成为"烧不死的鸟"。

2020 年 8 月 11 日，在第十二届中国汽车蓝皮书论坛上，曹德旺透露了自己当初为什么会购买一台价值 600 万元的红旗 L5。"我对汽车很热爱，真正你说我爱什么车，我告诉你，我坐过人家借我的宾利，那个我坐不起。那你肯定说，你为什么买这么好的红旗，好像好几百万买的。那车没有开到我家里来，还是停在上海。那为什么买呢？因为一汽是我创办企业时的第一个客户，徐留平（一汽集团董事长）请我去捧场，我总不能空手，就买一部车回去。"或许正是曹德旺这种习惯性地践行"取义"的行为，既铺垫了他捐赠超过百亿元的壮举，也成就了他超越自我的升华。

《尚书·大禹谟》中说："惟德动天，无远弗届。"企业领导者要达到自我实现甚至超越自我的境界，从而长期坚定经营意志，驱动企业长久、健康发展，在经营活动乃至日常生活中，持之以恒地实践"德"或践行"取义"，是必然选择。

 引自任正非 2009 年 4 月 24 日发表的《深淘滩，低作堰》。

向下扎到根
审视传统，追寻经营意志的源头活水

在受儒家文化影响的地区，有不少成功企业的价值观主要是由儒家"义利兼顾"的观念转化而来的，譬如，方太集团的"人品、企品、产品，三品合一"，海底捞的"一个中心：双手改变命运；两个基本点：以顾客为中心、以勤奋者为本"，华为的"以客户为中心，以奋斗者为本"等，都提倡企业在经营实践中使"逐利"与"取义"兼而有之、相辅相成。

以华为的核心价值观为例来作解读，"以客户为中心"的根本含义是要"多让利给客户"，"以奋斗者为本"的根本含义是"不让'雷锋'吃亏"，以"取义"的观念指导"逐利"，以"逐利"的方式来实现"取义"，支撑华为逐步增强经营意志，是对中华传统文化中儒家观念"义利兼顾"的具体实践。

正如 2020 年 9 月 17 日任正非访问北京大学时表示的，要让青年学者们敢于向上捅破天，走到国际最前沿；努力向下扎到根，使基础教育和基础研究成为创新的原动力。中国企业经营意志的培养也应敢于向上捅破天，引领国际广阔市场；更应努力向下扎到根，吸取中华优秀文化的养分，为企业经营源源不断地提供驱动力。

中华传统文化看似与企业经营无关，实则是中国企业经营意志的源头活水，影响着企业的兴衰存亡，这在华为的发展历程中可见一斑。

2002 年之前，华为公司已经对海外市场进行了多年的拓展，但进展迟缓，有的市场甚至颗粒无收。以俄罗斯市场为例，1996 年华为在俄罗斯正式设置办事机构，前三年获得的所有订单，加起来不足 5 万美元。在 1999 年参加日内瓦世界电信大会时，任正非对当时俄罗斯市场的主管下了最后通牒。

华为通过冷静总结之后发现，导致海外市场拓展缓慢的因素有很多，其中一个原因是市场人员的文化素养不足以支撑他们在海外市场上有效攻关，也不足以坚定他们的意志在海外长期艰苦奋斗。当年华为人表现出的文化素养不足，不仅是对所在国家的文化认知不够，令很多海外客户感到匪夷所思的是，华为人对自己国家传统文化的认知也少得可怜，以至于在一定程度上影响了华为人与客户的深入交往。

意识到问题的严重性之后，自 2002 年起，华为决定每年举办培训班，从全国知名高校，如北大、清华、人大等，请知名教授和相关领域的顶尖学者，到公司总部为中高层干部讲授文史哲诸方面的专题和知识，其中有不少是中华传统文化的内容。文史哲的培训为华为干部们打开了文化视野，用任正非的话说是"开天光"。从后来的实际成效来看，这种培训不仅提升了华为人的文化素养，而且深化了其对公司核心价值观"以客户为中心，以奋斗者为本"的认知，进一步增强了华为人的奋斗意志。这对华为日后大力拓展海外市场产生了深远影响。

华为公司的文史哲培训班，我基本上期期不落地参加了，我心中中华传统文化的种子就是在那个时候播种下的。我开始有意识地关注传统文化如何影响企业经营，尤其是如何影响企业的经营意志。

方太集团董事长茅忠群立志要把方太集团打造成一家伟大的企业，他认为这个目标的实现离不开中华传统文化。在王卜所著的《大道与匠心》一书中，关于方太集团学习中国传统文化，并设法将其融入对企业人员的管理方面，有这样一段描述："2008 年，方太开设孔子堂的时候就告诉大家，在这里会系统地讲解《三字经》《弟子规》等古籍经典，有兴趣学习的可以参与，报名自主自愿。方太人力资源部企业文化团队发起的早晨读经活动也没有强制规定。要不要读经典、要不要去孔子堂听课、要不要相互交流，这些直到现在基本还是由员工自己决定，公司也没有这方面的奖惩措施。如果用强制的方式引起了逆反心理，也就不符合茅忠群所倡导的'无为'思想了。但事实上这些活动却进行得非常顺利，书法班、国画班等兴趣班很受员工欢迎，早晨上班之前读一段经反而能让人精神振奋。慢慢地，员工不仅是在公司读经，还将这种习惯带回了家，带动家人、孩子一起学习古典文化。'人人都是文化人'，越来越多的方太员工为此感到自豪。"书中提到，茅忠群的观点是，方太倡导大家读经、学习中华传统文化，最终是要将其运用到经营管理之中。事实证明，方太能够培养坚定的意志，发展为今天这样了不起的企业，的确与其对中华传统文化的学习息息相关。

关于社会上对中华传统文化的学习状况，从我这几年运作深圳凤凰书院时观察到的现象中可以窥见一斑。来书院听国学讲座的人虽然不少，但认真、完整地读过至少一部中华经典的人并不多，很多人对中华传统文化存在一定的误解、曲解，误以为中华传统文化与现代生活、工作没有太大的关系。

在《观书有感》中朱熹曾说："问渠那得清如许？为有源头活水来。"中国现代企业的经营，看似与中华传统文化关联不大，实则密切相关，如果能够对传统文化进行必要的学习和深刻的理解，企业就能正确认知和运用其中的精华，为经营意志的培养寻到源头活水，进而持续驱动企业健康长久地"活下去"，活出精彩，甚至活得伟大。

华为的发展表明，中华优秀传统文化并没有阻碍华为内部科学与民主的发展，华为经营意志的增强与中华传统文化息息相关。

科学与民主，现在依然是世界文明的主流观点，也被认定为当前主要的社会价值观，中华文化或国学的核心观念与之并非水火不容，而是互相衔接、相得益彰的。我们完全有理由相信，只要对国学进行合理的扬弃和转化，也将有益于中国企业文化建设，以及经营意志的增强，进而服务现代企业的经营发展。

中国近代所发生的西学东渐、中体西用、全盘西化等现象，严重挤压了国学的生存土壤和发展空间，国学逐步退守到少数学者的书斋之中，几乎命悬一线、行将就木。这种状况到近三四十年才有了一定程度的改善，主要体现在企业经营管理能力的提升。

很长时间以来，华为公司给大家留下的印象是一家愿意支付高薪酬的高科技企业，但员工必须没日没夜地加班，随时准备接受公司的全球性派驻，工作的重要性绝对优先于家庭和生活，华为文化冰冷、铁血，华为管理严苛、专制，老板和上级更是说一不二。这几年，随着华为曝光度的增加，关于华为的信息越来越丰富和完整，华为的神秘面纱被逐步揭开，人们才开始认识到一个相对真实的华为。但从辩证的角度来看，华为的经营管理也是对立统一的，既有严苛、专制的一面，也有宽容、民主的一面。以我的亲身经历为例，我从华为市场部最基层的岗位做起，像大多数华为市场人员一样，对销售项目的成功十分渴望。2001 年之前，我在一线运作销售项目，当内部进行项目分析决策时，我经常会在上级面前直言不讳地表达自己的观点，甚至不惜顶撞上级主管。幸运的是，大多数情况下，自己的坚持最后总能得到上级主管们的理解和支持，进而有效支撑项目的成功运作。事后回想起来，如果自己的上级领导不够宽容，华为内部不够民主，而是一言堂盛行，我的销售项目成功率也不可能那么高，我也不可能很快成长为华为中高层干部。华为的巨大成功，是其管理中的十分严苛与充分宽容共同促成的，宽容与民主甚至发挥了更大的价值。

正如任正非在《一江春水向东流》中谈到的那样。

在时代前面，我越来越不懂技术、越来越不懂财务、半懂不懂管理，如果不能民主地善待团体，充分发挥各路英雄的作用，我将一事无成……其实，我也领导不了他们。前十年几乎没有开过办公会类似的会议，总是飞到各地去，听取他们的汇报，他们说怎么办就怎么办，理解他们，支持他们；听听研发人员的发散思维，乱成一团的所谓研发，当时简直不可能有清晰的方向，像玻璃窗上的苍蝇，乱碰乱撞，听客户一点点改进的要求，就奋力去找机会。

对于成长在中国的任正非来说，他的这些想法与做法，以及带领华为人取得的大量世界一流科技专利的成就，如果说仅仅是受了西方思想的影响，与中华传统文化没有关系，是有违常识的，否则华为核心价值观中的"以奋斗者为本"的民本思想，以及华为积极实践的"财散人聚""宰相必起于州郡，猛将必发于卒伍"等思想观念，是无法解释得通的。关于任正非的中华传统文化素养，以及它们对任正非经营思维的影响，我还会在本书的其他章节展开论述。

郑板桥《新竹》一诗中说："新竹高于旧竹枝，全凭老干为扶持。"华为的发展表明，中华优秀传统文化并没有阻碍华为内部科学与民主的发展，华为经营意志的增强与中华传统文化息息相关。

本章小结：意志建设的 3 条路径
返本开新、引发共鸣、驱动经营

前文对经营意志进行了由表及里的剥洋葱式的分析：首先，从外在表象来看，经营意志的两个主要作用在于不断战胜显性灾难，防范隐性灾难；其次，揭示了要想不断战胜灾难，就需要增强经营意志，而增强意志的两个主要抓手是"逐利"与"取义"；再次，介绍了增强经营意志存在的一个可靠的趋向，即从"逐利"迈向"取义"；最后，阐明了要处理好"逐利"和"取义"之间的关系，确保经营意志增强，必须扎根于优秀传统文化，汲取丰富的养分。

为了使增强经营意志的做法有迹可循，基于前面的分析，本节做了一个总结，归纳出增强经营意志的 3 条路径。

路径 1，返本开新：回归人文，长久赋能意志

关于"人文"的内涵，《辞海》给出的答案是："泛指人类社会的艺术、宗教、道德等文化""（人文学科）可以用人们常说的'文（文学）、史（历

史）、哲（哲学）'来指称，或者再加上艺术"。唐代孔颖达在《周易正义》中这样理解："言圣人观察人文，则《诗》《书》《礼》《乐》之谓，当法此教而'化成天下'也。""人文"指用来教化天下的"诗书礼乐"。总而言之，"人文"在文化中起到类似"教材"的作用，用"教材"蕴含的哲理对心性或意志进行启发、激励和教育。

"人文"是人类在长期生存实践中积累的，相当于人类在精神层面给自己搭建的归宿，用于安顿人类自己的心性或意志。不同文明背景中富有生命力的"人文"，都是经过成千上万年的深厚积淀才形成的，心性或意志扎根其中，才可能根深叶茂、生生不息。

2015 年 1 月 4 日，当任正非把一张"烂脚"图片作为华为年度广告主打图片推到人们视野中的时候，作为《华为基本法》起草人之一的中国人民大学教授彭剑锋这样说道："任正非说的这只'烂脚'，其实是美国摄影家亨利·路特威勒（Henry Leutwyler）的摄影作品集《芭蕾脚》中的一张。路特威勒花了 4 年时间拍摄了这组芭蕾舞舞者的照片，这一张芭蕾脚照片荣获大奖。任正非看到这幅照片时受到了震撼：这不正是当下华为'痛并快乐着'的真实写照吗？华为光鲜的背后，是 17 万双'烂脚'在世界上孤独前行！在任正非的授意下，华为买断了这幅照片的广告播放权。任正非是一个人性大师，了解人的真正需求和欲望，他不仅在华为文化和制度建设上用机制来管理员工的人性和欲望，同时还借助一些运动、一些载体来时时激活员工的意志力和爆发力。2015 年的喧嚣即将过去，风不可能一直吹下去，一切都开始尘归尘、土归土。风口上的猪都纷纷往下掉，如果没有战略耐心，没有艰苦奋斗的决心，风口上的猪既无法延续一个企业的生命，更无法肩负一个民族的复兴、一个国家的未来！"⊖任正非和华为通过"芭蕾脚"这个艺术载体，即"人文"中的艺术，抓住了人的心性或意志中共有的勤奋刻苦、积极向上等特性，激活了员工的意志力和爆发力，也感染了全球范围内的客户和用户。

彭剑锋所表述的"任正非是一个人性大师"，还体现在任正非几十年的讲话或文章的主题上，那些越是能够影响人的心性或意志的主题表达，越是充满了"人文"精神，譬如，《资源是会枯竭的，唯有文化才能生生不息》《胜则举杯相庆，败则拼死相救》《华为的红旗到底能打多久》《华为的冬天》《我的父亲母亲》《北国之春》《天道酬勤》《从泥坑里爬起来的人就是圣人》《深淘滩，低作堰》《春风送暖入屠苏》《一江春水向东流》《力出一孔，利出一孔》《春江水暖鸭先知，不破楼兰誓不还》《星光不问赶路人》《〈科学：无尽的前沿〉：向上捅破天，向下扎到根》等。显然，这些主题中很大一部分源自中华传统文化或闪耀着中华民族的"人文"光辉，对增强华为人的经营意志发挥了巨大作用。

"人文"是心性或意志的家园，回归家园有助于意志找回自我、认知自我，有助于意志长久赋能、不断推陈出新。上一节中讲过，华为的发展表明，华为经营意志的增强与中华传统文化息息相关。中华传统文化中的优秀"人文"，有必要成为中国企业经营意志的家园或重要源头。

⊖ 引自彭剑锋 2015 年发表的《华为 2015 年关键词：芭蕾脚》。

路径 2, 引发共鸣：震撼心灵，爆发增强意志

返本开新的路径有助于企业领导者和经营集体的意志找回自我、认知自我乃至增强自我，但这是个"潜移默化"的过程，需要一定的时间，考验着企业领导者和经营集体的耐心与耐力，但这也是一种"慢工出细活"的路径，它能使经营意志获得持久性增强。除了慢工出细活，还有一种路径能够瞬间提升企业领导者和经营集体的意志，使经营意志获得震撼并爆发性增强，这就是引发共鸣的路径。

2005 年 10 月，我收到华为市场干部部的通知，公司希望各级主管观看电视剧《亮剑》，并开展相应的讨论。我当时担任华为市场体系的运营商解决方案部负责人。我平时不大看电视剧，接到通知后才知道，《亮剑》已经于 9 月在央视播出，据说收视率非常高。我赶紧让秘书找来前面错过的几集补看。接下来几个月，在公司内部会议上，在同事间的漫谈中，《亮剑》成为华为人广泛关注的热点。2005 年年底，在深圳五洲大酒店举办的华为年会上，电视剧《亮剑》中的一些精彩片段，比如李云龙名为"论军人的战斗意志——亮剑精神"的演讲，在大屏幕上反复播放。充满激情的演讲文稿，配上李云龙铿锵有力的表达，为年会酝酿了热烈氛围，着实让在场的华为人热血沸腾。

《亮剑》是难得一见的电视剧佳作，尤其是其传达的亮剑精神，通过李云龙及战友"逢敌必亮剑"的战斗行动，鲜活地展现了出来。而"逢敌必亮剑"的"必"字后面，蕴藏着顽强的战斗意志，是一种发自内心的、源源不断的战斗动力，令人深深震撼。一支军队要取得战斗胜利，仅有顽强的战斗意志

显然是不够的，还要具备足够的战斗实力。《亮剑》中李云龙领导的部队，就是在战斗意志的驱动下，不断地扩充队伍、夺取武器、完善兵种、操练士兵，迅速提升自己的战斗实力，为取得战斗胜利奠定了坚实的基础。战斗意志、战斗实力和战斗胜利组合在一起，就是李云龙及战友循环往复、克敌制胜的战斗逻辑，也是他们在战争中磨砺出的生存之道。

李云龙及战友们的战斗意志及其驱动的战斗逻辑令人震撼，也引发了任正非和华为人的共鸣。与李云龙及战友们相似，任正非和华为人"敢于胜利，才能善于胜利"的奋斗意志，也是华为经营逻辑向前发展的主要驱动力。任正非也对此做了非常好的诠释。

在撕开城墙口子时，就是比领导者正确的决策、有效的策划、关键时刻的坚强意志、坚定的决心和持久的毅力，以及领导者的自我牺牲精神。只强调精细化管理，公司是会萎缩的。精细化管理的目的，是使扩张不陷入混乱，并非紧关城门。我们讲精细化管理，不等于不要扩张。面对竞争，我们还是要敢于竞争，敢于胜利。只有敢于胜利，才会善于胜利。[○]

"坚强意志""坚定的决心""持久的毅力""领导者的自我牺牲精神""敢于竞争""敢于胜利""善于胜利"，这些词句彰显的顽强的经营意志，可以与李云龙所论述的军人战斗意志媲美，它们对华为人起到了巨大的驱动作用，

○ 引自任正非 2007 年 7 月发表的《敢于胜利，才能善于胜利》。

支撑了华为健康长久地"活下去"。

早在 2000 年，任正非在《活下去是企业的硬道理》中就讲过："对华为公司来讲，长期要研究的是如何活下去，寻找我们活下去的理由和活下去的价值，活下去的基础是不断提高核心竞争力，而提高企业竞争力的必然结果是企业的发展壮大，利润是核心竞争力提升的必然结果，因为这是一个闭合循环。"其中"活下去的理由和活下去的价值"体现了华为的经营意志，"核心竞争力"反映了华为的经营实力，"发展壮大""利润"反映了华为的经营成就。《亮剑》中的战斗意志契合了华为的经营意志，战斗实力契合了华为的经营实力，战斗胜利契合了华为的经营成就，循环往复的战斗逻辑契合了华为闭合循环的经营逻辑。或许也正是因为意识到了这种高度契合，华为才超乎寻常地青睐《亮剑》，希望干部们用心感受其中的强大驱动力。

任正非说："敢于胜利，才能善于胜利。"李云龙及战友们的"战斗意志""亮剑精神"震撼了华为人，也引起了华为人的共鸣，增强了华为人的经营意志，驱动华为取得了一个又一个的技术突破和竞争胜利。

路径 3，驱动经营：融入实践，磨砺增强意志

无论返本开新路径还是引发共鸣路径，具体措施都不涉及企业的经营主体环节，虽然也能对增强经营意志产生较大作用，但相对来说，还是属于"侧攻"。驱动经营路径则不一样，经营意志在驱动经营思想、经营能力、经营工具和经营成就 4 个经营主体环节时，与这 4 个环节相互影响、相互作用，属于"主攻"。经营意志对各经营环节驱动越是强劲有力，那么各经营环节就

越能增强经营意志，反之，各经营环节也会对经营意志产生削弱作用。譬如，经营意志驱动了经营能力的提升，这种提升又会对经营意志起到增强作用，反之，经营能力下降也能削弱经营意志。驱动经营路径，归根到底是在经营实践磨炼中，使经营意志逐步增强的路径。

2002 年前后，处在 IT 寒冬中的华为人，在读了任正非《华为的冬天》一文后，时常心生寒意，置身其中的我也不例外。那段时间，国内电信运营商的采购规模缩减，跟往年相比，华为公司的订单量减少，我和同事们有了一段难得的闲暇。但这种闲暇持续的时间并不长，很快，我们又恢复了以往的紧张状态。

寒冬中奋起自救的华为，经营意志竟然变得更加清晰和坚定，全面倡导"迎接挑战，苦练内功，迎接春天的到来"，并形成了加大海外市场开拓力度的新经营思想。不久之后，华为公司内部公告栏开始频繁发布动员令，号召大家报名去海外办事机构工作。公司同时开始积极赋能，加大英文、技术、营销、人文知识等能力的培训力度，并为大家创造各种实战锻炼机会，华为的经营能力得以进一步提升。与此同时，各种打造经营工具的管理变革也加紧展开，包括集成产品开发流程（IPD）、集成业务供应流程（ISC）、财务管理流程（MFS）、从线索到现金流程（LTC）、从战略到执行流程（DSTE）等工具的打造，为即将到来的海外市场大拓展，准备好了攻城略地的"利器"。

华为公司以顽强的经营意志奋发自救，并激发出了强劲的驱动力，形成了新的经营思想，组织了各种经营赋能，改进了相应的经营工具，促成了经营成就的规模性增长。到了 2005 年，华为销售收入达到 453 亿元，海外销售收入开始超过国内，占据了公司销售收入的半壁江山，经营成就有了质的提升。在华为经营意志驱动经营思想、经营能力、经营工具和经营成就4个经营主体环节的前进过程中，各环节反过来也对华为经营意志起到了增强作用。

在此有必要着重提出的是，蕴含在经营成就环节中的利益分配，即华为所说的价值分配，是一个能够直接影响华为干部经营意志的关键因素。譬如，相比同行来说，华为对干部利益分配得越公平，经营意志就越容易增强，否则经营意志就会被削弱。正如任正非曾经说的，"钱分好了，管理的一大半问题就解决了"，这里的一大半问题就是指华为人经营意志的问题。价值分配是企业增强经营意志最重要的杠杆，值得各企业重点研究，制定和落实价值分配规则，应该成为企业的"一把手"工程。

宝剑锋从磨砺出，梅花香自苦寒来。在IT寒冬中，华为的经营意志驱动了华为的经营思想、经营能力、经营工具和经营成就4个经营主体环节，经营意志本身也在各环节的改进中获得了磨砺并有所增强。总而言之，增强经营意志的行动不能孤立进行，有必要将其融入经营逻辑各环节的实践之中，并且周而复始地坚持磨炼。

任正非说，"要给火车头加满油"。干部是华为大大小小部门的火车头，考核干部要看奋斗意志，没有奋斗意志的人不能带兵。无论采取3种路径中的哪一种或哪几种，增强干部的经营意志都是重中之重。

第二章

意志驱动思维，加快经营发展

⋮

【任正非语】是什么使华为快速发展呢？是一种哲学思维，它根植于广大骨干

的心中。这就是"以客户为中心，以奋斗者为本，长期坚持艰苦

奋斗"的文化。这并不是什么背景，更不是什么上帝。

资料来源：田涛，吴春波. 下一个倒下的会不会是华为［M］.

北京：中信出版社，2017.

《道德经》里说："天下万物生于有，有生于无。"企业的经营意志也类似于一个无中生有的"道"，它是无形的，看不见也摸不着，接近于无，但它又的确包含了经营所需要的、实实在在的欲求和驱动力。企业为了快速实现经营目标，在经营意志的驱动下，自然要避免懵懵懂懂地走错路、走弯路，要设法形成有效的经营思想，以便有方向、有章法地付诸行动。华为之所以能够快速发展，任正非认为主要是靠哲学思维，而不是什么背景和上帝。企业的经营思想，是企业经营者运用哲学思维，把自身积累的经验知识、专业知识、人文知识等各种知识加工而成的。同样的知识，通过不同的哲学思维加工，其产生的经营思想，必然会有所差异，甚至截然不同。哲学思维在很大程度上决定了经营思想的有效性。

由哲学思维产生的经营思想，具体内容除了企业宗旨，还涉及战略思想、市场思想、产品思想、组织思想等经营管理的方方面面，主要用于统一大家的认识，以指导经营业务的开展。华为公司的经营思想，在《华为基本法》中得到了集中呈现。

本章侧重表述产生企业经营思想的 6 大代表性哲学思维，既包括体用经营思维、天道经营思维、自律经营思维与他律经营思维在内的侧重于"求知"的思维，也包括实干经营思维和实证经营思维在内的侧重于"践行"的思维，启发企业领导者重视训练"求知"和"践行"合而为一的哲学思维，掌握培养经营思想的基本方法。

思想源泉
哲学思维，输出使华为快速发展的经营思想

企业的经营意志为企业发展提供了驱动力，至于如何使企业快速发展，任正非认为，要靠哲学思维。企业领导者的哲学思维活动，可以不断优化企业的经营思想。实际上，哲学思维只有通过经营思想，才能指导企业快速发展。

任正非的哲学思维及其产生的经营思想，总是能够指导华为的业务快速发展，使华为成长为行业的领先者。

思想上体现出的艰苦奋斗和自我批判，是任正非身上独具特色的一面，这给了华为清晰的发展思路，让华为在经营、管理上保持正确、稳定的战略方向，以及快速、稳健的发展节奏。有人说，如果每一个行业都有一个任正非这样的企业思想家，那么中国经济的竞争力将不可估量。

任正非的经营思想，是在他的哲学思维下产生的。任正非说过，是什么使华为快速发展呢？是一种哲学思维，它根植于广大骨干的心中，这就是"以客户为中心，以奋斗者为本，长期坚持艰苦奋斗"的文化。

快鱼吃慢鱼，是市场竞争中的一个铁律。企业在经营中跑慢了，就很可能被快速发展的对手吃掉。如何才能跑得又快还不被对手吃掉而一直"活下去"呢？按照任正非的观念，要靠哲学思维。

2000 年左右，我开始负责华为新业务中的多媒体产品行销工作，主要竞争对手是中兴。中兴和华为一样，都是通信信息行业的知名企业，产品品类高度相似。记得当时中兴的市场人员经常把一句话挂在嘴边："我们其他产品也许超不过华为，但会议电视产品绝对比华为好。"会议电视是华为多媒体产品线中的重要产品。中兴说得如此自信，给我和我的团队带来了很大的震动，更给华为多媒体产品线的研发部门带来了较大压力，我们没少因此挨公司领导的批评。

为了扭转局面，经过任正非的批准，华为调整了相应的经营思想，把研发、市场和服务等原来分散在各大体系的、多媒体的各业务部门整合到了一起，成立了多媒体"小循环"产品线，类似于一个相对独立经营的事业部。这种操作，在华为的发展历史上并不多见。我当时在多媒体产品线担任副总，负责包括售前销售、售后服务在内的市场工作。

多媒体"事业部"的成立，彻底推倒了这条产品线上的部门墙，打通了市场、研发、中试和服务等业务模块，加快了整条产品线对市场需求、新技术应用的响应速度。不到两年时间，多媒体"事业部"就推出了基于程控交换机平台的多点控制单元（MCU），使华为的会议电视产品无论在容量上还是在质量上，都超过了中兴等竞争对手的工控机平台的 MCU，一举扭转了华为会议电视产品在市场上的颓势。

华为用"小循环"打通多媒体产品线的经营思想，提升了业务响应速度，加快了产品研制进程，不但成功扭转了自家产品在市场上的颓势，后来还占据了大部分竞争对手原本占据的市场份额。

华为人有一个共同印象，不单是多媒体产品，只要是被公司确定为重点发展的业务，华为总是能够形成行之有效的经营思想，并且很快能够用其指导团队行动，促使该业务快速达到行业领先水平。

华为为什么能够不断产生那些行之有效的经营思想呢？早在20世纪90年代末，华为已经取得了不小的成就，但任正非没有停止对哲学思维的探索，一直在思考下一步该怎么办，并始终在"折腾"华为员工，譬如倡导做"烧不死的鸟"，呼唤华为英雄，打造IPD流程，做工程商人，做奋斗者，等等。这或许就是华为经营思想体系日益发展壮大的主要原因。事实证明，任正非运用他的哲学思维"折腾"员工，产生的那些经营思想，使华为在大部分发展历程中保持了快速发展的势头。

《稻盛和夫的经营哲学》中提到，日本三井物产的吉田先生对稻盛和夫说："你是我见过拥有自己的Philosophy（哲学）中最年轻的人。"季羡林先生也称稻盛和夫为"企业家中的哲学家"。阿米巴作为稻盛和夫创建的一种经营哲学，或者说经营的哲学思想，促进了京瓷高效、快速的运营。

宋朝有人说："天不生仲尼，万古如长夜。"[一] 这里的仲尼当然是指孔子及其开创的儒家思想，儒家思想在中华民族的文明进程中发挥了举足轻重的作

[一] 出自《唐子西文录》，作者为北宋的唐庚。文中记载："蜀道馆舍壁间题一联云：'天不生仲尼，万古如长夜。'不知何人诗也。"即唐庚对此做了记录，但尚不知该诗为何人所作。

用。华为的快速发展，从一定程度上也依靠任正非的哲学思维及其产生的经营思想。

任正非对经营思想的语言表达、对企业文化的观点阐述，反映了他的思维与中国哲学密切相关。

任正非那种能够产生卓越经营思想的哲学思维，其源头在哪里？

华为是一家聚焦通信信息行业、经营高科技产品的公司，经营管理所采用的工具、流程、方法的科技含量很高，大量科技成果在行业内居于领先地位，产品得到了全球市场的认可。譬如，截至 2019 年年底，华为在全球共持有有效授权专利 85 000 多件；引领全球 5G 商用，在欧洲与运营商一起设立了 5G 联合创新中心，持续推动和促进 5G 商用及业务创新，与全球运营商、各大行业伙伴进行超过 300 个 5G 垂直行业应用的探索项目。

这些现象容易给大家造成一种印象，认为华为公司之所以能够快速发展，在竞争中没有被对手吃掉，主要得益于它积累的强大的科技实力，以及现代管理思想对它的指导。自然而然，大家也会想到，指导这些科技实力积累的现代思想，可能是根植于西方哲学的思维模式。

事实真的如此吗？

在华为公司工作过的朋友都知道，《华为人报》《华为管理优化报》、"公司内部电子公告栏"等华为内部媒体平台，经常发布有关公司管理的文章、文件等，其中不少内容凝结为非常有生命力的观念。譬如，适应外部的《深淘滩，低作堰》《春江水暖鸭先知，不破楼兰誓不还》《胜则举杯相庆，败则拼死相救》等，聚合内部的《从泥坑里爬起来的人就是圣人》《财聚人散，财散人聚》《宰相必起于州郡，猛将必发于卒伍》等经营假设。华为这些经营假设，能够进一步反映华为经营的人品、产品和企品等品格塑造，以及华为经营的价值构建。显而易见的是，这些经营假设、品格塑造、价值构建，构成了华为独特的经营思想，而这些经营思想离不开根植于中国哲学的思维范式。

《大道与匠心》是一本解密方太集团成功之道的书，书中有这样的表述："作为有五千年文化的文明古国，中国将来一定也要往本土文化结合西方管理这个方向演变，否则就不可能形成自己的独特优势。他（稻盛和夫）认为，儒学会是中国企业强大的出路。任何管理模式背后都是价值观在支撑。中国的企业管理需要两条腿，一条腿是西方的管理制度，另一条腿就是传统文化和价值观。当然也需要适当地改造西方的制度，把它变成儒家思想下的制度，这样中国式管理就成立了。确定了这个方向后，茅忠群决定去学习中国的传统文化，补上这一课。"方太在立足儒学的基础上，形成了自己的价值观及相应的经营思想，并借此快速发展为厨电行业的翘楚。

复旦大学哲学学院教授王德峰在"谈西方哲学的起步"的视频课程中，这样解读古希腊哲学家巴门尼德的"存在"："一个人的母语语言结构，决定了其对世界的认知方式和思维模式，决定了其存在于什么样的世界之中。"结合这一点，汉语及中国文化对任正非哲学思维的形成所起的作用是根本性的。

《左传·昭公九年》中说："犹衣服之有冠冕，木水之有本原。"华为、方太等企业的实践表明，科学化、现代化、西方化虽然普遍存在于中国现代企业的经营管理之中，但中国企业经营哲学思维的根源，还应该在中国哲学中。

对于哲学思维，很多企业领导者"日用而不知"，如果能够自我觉知，

就有希望产生卓有成效的经营思想。

不仅华为公司，中国其他企业的大多数领导者，本质上都具备中国哲学思维。王德峰教授认为，中国人的哲学思维是由其从小生长的汉语环境及其联结的世界所决定的。

哲学思维看似高深，仿佛拒人千里，但事实上蕴藏在企业经营的生命周期之中。企业领导者时刻都在运用哲学思维，并由此产生相应的经营思想，以确保企业拥有较快的发展速度。只不过，大多数企业领导者对自己的哲学思维"日用而不知"。

企业家对于哲学思维的运用，大致可以分为以下三种。

第一种，很少思维，盲目行动，正如《传习录》记载王阳明所说的："懵懵懂懂地任意去做，全不解思惟省察，也只是个冥行妄作。"

第二种，只有思维，没有行动，正如《传习录》记载王阳明所说的："茫茫荡荡，悬空去思索，全不肯着实躬行，也只是个揣摸影响。"

第三种，既能思维，又能行动，正如王阳明所说的："知行合一"。

华为指出，《华为基本法》是公司宏观管理的指导原则，是处理公司发展中重大关系的对立统一的度，其目的之一是培养领袖。高、中级干部必须认真学习《华为基本法》，领会其精神实质，掌握其思想方法。华为人都相信，《华为基本法》本身也是由任正非的思想方法和哲学思维创造的，是用任正非的语言特色表述的华为经营思想。从 1998 年发布至今，华为公司主要的经营管理活动，都遵从《华为基本法》这个经营思想体系所指明的主要方向或主要航道。2018 年 3 月 20 日，华为发布的《华为公司人力资源管理纲要 2.0 总纲》，也是对它的继承和发展。任正非在"人力资源管理纲要 2.0 修订与研讨"的讲话中说过这样一段话："为什么公司一直强调要聚焦主航道呢？因为每增加一个业务就给管理系统增加了几千个管理点，对管理进步的牵制很大。"30多年来，华为"以客户为中心，以奋斗者为本，长期坚持艰苦奋斗"的哲学思维没有改变，由这种哲学思维产生的经营思想或管理思想也一脉相承，始终卓有成效地指导着华为的经营行动，支撑华为快速发展为世界级知名企业。关于"以客户为中心，以奋斗者为本，长期坚持艰苦奋斗"的思维观念，华为做到了知行合一。

中国企业要想像华为那样快速发展，企业领导者就有必要学习任正非，清醒、主动地运用中国哲学思维，并用哲学思维产生的经营思想，真正地指导经营行动，做到"知行合一"。

企业领导者的哲学思维水平，从先天来看会有差距，但这种差距可以在后天的训练和运用中逐步缩小。如《中庸·问政章》中所载："人一能之，己百之；人十能之，己千之。果能此道矣，虽愚必明，虽柔必强。"一个哲学思维天赋不突出的企业领导者，若能持之以恒，相信他终能取得长足进步。

中国哲学博大精深，即使皓首穷经，也未必能够领悟通透，至于形成自己的哲学思维体系，这对绝大多数企业领导者来说，既不可能，也没有必要。中国企业领导者只要掌握一些基础的、必备的、有代表性的中国思想和哲学思维方法，以及基础性的、有代表性的西方哲学思维方法，就足以应对经营管理中的各种复杂事务。

为此，受《华为基本法》中"思想方法"的启发，以普遍性、代表性为原则，本人梳理和归纳了几种典型的经营哲学思维，供企业领导者参考。

第一，企业经营要拥有作为"体"的稳定思维，也要拥有作为"用"的开放思维，我称之为"体用经营思维观"。

第二，企业经营中作为"体"的稳定思维，需要遵循自然法则、社会法则，或者说符合天道，我称之为"天道经营思维观"。

第三，企业"天道思维"产生的经营法则，既要企业领导者从内心约束自己，也要成为员工自我约束的规矩，我称之为"自律经营思维观"。

第四，企业"天道思维"产生的经营法则，需要植入规章制度之中，用来从外部规范和约束员工的行为，我称之为"他律经营思维观"。

第五，企业的经营思想，需要通过实践落地，把它变成实实在在的经营行动，我称之为"实干经营思维观"。

第六，企业的经营思想，需要在经营实践中检验其可行性、有效性，我称之为"实证经营思维观"。

以上的"体用经营思维""天道经营思维""自律经营思维""他律经营思维"主要反映的是"求知"，"实干经营思维""实证经营思维"主要反映的是"践行"，把它们组合在一起，可以统称为"知行合一"的哲学思维体系。

苏东坡在《题西林壁》一诗中说："不识庐山真面目，只缘身在此山中。"对于哲学思维，很多企业领导者"日用而不知"，如果能够自我觉知和提升，就有希望产生卓有成效的经营思想，指导企业快速发展。

华为的实践证实，"知行合一"的哲学思维，可以输出作为企业假设的、卓有成效的经营思想，指导企业快速发展。

任正非运用"知行合一"的哲学思维系统，把自己积累的知识，譬如科学知识、人文知识和经验知识等，产出为《华为基本法》这套较为完整的、指导了华为快速成长的经营思想，几种哲学思维在其中也有所体现。

体用经营思维，产生了《华为基本法》中的"爱祖国、爱人民、爱事业和爱生活是我们凝聚力的源泉""以顾客满意度作为衡量一切工作的准绳""普惠认同华为的模范员工""我们决不让'雷锋'吃亏"等思想观念。

天道经营思维，产生了《华为基本法》中的"顺应技术发展的大趋势""顺应市场变化的大趋势""顺应社会发展的大趋势"等思想观念。

自律经营思维，产生了《华为基本法》中的"将永不进入信息服务业""质量是我们的自尊心""不单纯追求利润的最大化"等思想观念。

他律经营思维，产生了《华为基本法》中的"对每个员工提出明确的挑战性目标与任务""根本上否定无政府、无组织、无纪律的个人主义行为""对违反公司纪律和因牟取私利而给公司造成严重损害的员工，根据有关制度强行辞退""建立健全管理控制系统和必要的制度"等思想观念。

实干经营思维，产生了《华为基本法》中的"点点滴滴、锲而不舍""保证按销售额的 10% 拨付研发经费""建立敏捷生产体系"等思想观念。

实证经营思维，产生了《华为基本法》中的"我们过去的成功说明，只有大市场才能孵化大企业""通过不断的品质论证提高产品的可靠性"等思想观念。

王阳明说："知是行的主意，行是知的功夫。知者行之始，行者知之成。"《华为基本法》这套经营思想，是对 1998 年之前华为经营行为的总结，也是对 1998 年之后华为经营行为的指导，始终融合在华为公司的发展历程之中，使华为公司的经营活动达到了较高的"知行合一"境界。

"知行合一"的哲学思维体系，是中国哲学精神的集大成，希望中国企业家们善用它，输出包括价值构建、品格塑造、经营假设在内的卓有成效的企业经营思想，用以指导企业快速发展。

体用经营思维
不易变易，开放、妥协和灰度

"中学为体，西学为用"即"中体西用"，是晚清洋务派思想体系的核心观点，张之洞在《劝学篇》中进行了系统阐述。作为"体"的"中学"主要是指《大学》所谓的"明明德、亲民、止于至善，格物、致知、诚意、正心、修身、齐家、治国、平天下"等儒家学说，作为"用"的"西学"主要是指"自然科学和商务、教育、外贸、万国公法"等社会科学。

认同一个思想体系包括"体"思想和"用"思想的思维模式，我们称之为"体用思维"。张之洞关于"中体西用"的论述不一定完全适用于现代社会，但他揭示的"体用思维"模式，则具备普遍性。"体用思维"中的"体"思想长期不变，代表中国人常说的"道"，包括价值观、理念、原则等；"用"思想经常变化，代表中国人常说的"术"，主要是指工具、方法、流程等。"体用思维"就是以"体"思想指导"用"思想，以"用"思想落实"体"思想。

中国传统思想的传承与演进，以及华为的快速发展，说明中国企业的经营思想应以中华传统思想为"体"，以世界思想为"用"。

中华传统文化在全盘西化的过程中受到了严重冲击，万幸，其中很大一部分思想观念在"家"这个"组织"中得以保留和传承。譬如，当今多数中国人对善有善报、百善孝为先、家和万事兴、睦邻友好、守望相助、忠心报国等中国传统思想观念并不陌生，且多有认同，其中部分观念依然是身处现代的国人安身立命的共同价值观和处事原则。中国现代企业如果能够吸收和转化员工共同认可的中国传统思想观念，以此作为"体"思想，那么企业的经营思想获得员工的共鸣与认同，就不会是一件困难的事情。

需要正视的是，经过了西学东渐、中体西用、全盘西化，西学思想观念在中国的政治、教育、经济和科学等诸多领域得以广泛应用，对中国社会产生了深远影响。譬如，民主、自由、科学、实证、辩证法、市场经济等思想观念已经影响了几代国人，很多人将其奉为圭臬，作为认知世界、改造世界的思路、方法和工具。中国现代企业如果能够采用合适的西方思想观念（以及其他世界优秀的思想观念），作为经营思想中的"用"，引导员工活学活用，就可能提升员工的工作效能。

总而言之，"体用思维"能够产生行之有效的中国现代企业经营思想，且经营思想的核心内容依然需要符合"中体西用"的观念。

2007 年 6 月 12 日，在新员工培训时任正非谈到："什么是文化？我多次提到，华为是没有文化的，都是从世界的先进文化借鉴来的，就像洋葱一样，剥一层是日本的，再剥一层是欧美的，再剥一层是孔子的，再剥一层是反对孔子的……只要是好的，我们都要吸取，包括爱立信、阿尔卡特、朗讯、思科、微软等竞争对手，他们优秀的管理经验也要汲取。剥到最后，剩下的核心是很小的，就算是华为文化吧，就是奋斗精神和牺牲精神。"[○]在华为文化的"洋葱"式结构中，最核心层面是中华传统文化中由孔子开创的儒家思想，以及与儒家思想有所区别的其他诸子百家的思想，它们是华为文化的根本，即华为经营思想中的"体"思想。在华为文化的"洋葱"式结构核心层面之外，有来自日本、美国、欧洲等世界文化中的思想，甚至有来自华为主要竞争对手的管理思想，这些是华为文化的枝叶，即华为经营思想中的"用"思想。任正非这些与华为文化有关的观点，表明华为公司经营思想体系的产生模式符合"体用经营思维"，核心内容符合"中体西用"。

2017 年 11 月，曹德旺在接受《中外管理》杂志采访时被问道："作为虔诚的佛教徒，您如何在佛家思维和商业思维中找到平衡？"曹德旺这样回答："它们有相通之处。企业家的事业是风险事业，要规避风险的时候，就像你开车一样，看到 300 米以外有一块大岩石在滚，你要判断它是往哪个方向滚，考虑是否要过去。如果你只看眼前，开到跟前了发现石头过来了，那就太迟了。未雨绸缪就是这样来的，要通过现象来判断走向，佛家也提倡这个。所以我们在修行过程中，要学会通过现象来判断问题。比如《易经》提倡的象数化，这个现象有多少数量，实际上就是现代 MBA 课程的管理统计学。我们弄清楚了，用现象判断问题的走向，了解事情这样发生，能带来的结果是什么，会起到怎样的连锁反应。如果未雨绸缪，走在它前面，你就不会死。"结合曹德旺表述的这些观点，我们可以看出在他的经营思想体系中，佛家思

○ 引自任正非在 2007 年 6 月 12 日发表的《以生动活泼的方式传递奋斗者为主体的文化》。

维产生的思想为"体"，商业思维产生的思想为"用"，"体""用"相通无碍，符合"体用思维"模式与"中体西用"的内容。

张之洞在《劝学篇》中说："中学为体，西学为用。"客观文化背景决定了中国现代企业经营思想的产生模式有必要符合"体用经营思维"，经营思想的核心内容有必要符合"中体西用"。

贬损或夸大以中国传统思想为核心内容的国学的价值，则难以将国学为己所用。

像任正非、曹德旺等企业领导者那样，能够认清中国传统思想的价值的人并不多，目前社会上对中国传统思想的认知，凭空曲解、莫衷一是的现象普遍存在，要恢复中国传统思想应有的文化地位，我们依然任重道远。

我身边有这样一些朋友，对以中国传统思想为核心内容的国学经常表现得哀其不幸，甚至深恶痛绝。

当然，我也会碰到一些"国学发烧友"，他们持截然相反的态度，把国学看作文化瑰宝，认为国学通天达地，无所不能。

在华为公司工作的十多年里，我经常能从任正非的言行中强烈感受到辩证观点，他对于中国传统思想的价值有着清醒的认知，既承认它们能在经营管理实践中起到积极作用，也看到它们的确存在一定的消极性和局限性。任正非这种不走极端的思想观念，夯实和完善了华为的经营思想，促使华为快速成长为世界级领先企业。

《中庸·行明章》中说："道之不行也，我知之矣：知者过之，愚者不及也。"人们极力贬损以中国传统思想为核心内容的国学的价值，或过分夸大中国传统思想的作用，原因大致相同，都是对国学的了解比较片面、不够深刻，这也导致中国传统思想难以有效传播和运用。

搭建国学知识架构，有助于中国企业领导者认识到经营思想的"体"有必要源自儒家，"用"需要源自诸子百家和世界文明。

如果中国企业领导者对作为国学核心内容的中国传统思想认知不够全面，得到的结论自然容易偏颇，就像盲人摸象；如果认知不够深刻，形成的认识难免流于表面，就像纸上谈兵。对中国传统思想的认知既不全面又不深刻，将导致企业领导者难以判断哪些内容适合作为经营思想的"体"，哪些内容只能作为经营思想的"用"，这将在极大程度上影响中国传统思想在企业经营中的有效运用。

中国企业领导者要想从国学中吸收合适的思想内容，并将其转化为经营思想中恰当的"体"与"用"，就需要搭建一个合理的国学知识架构，据此逐步丰富国学知识，并理解其中的津要，以产生满足企业快速发展所需的经营思想体系。

关于国学知识架构，华中师范大学教授王玉德对学者们所做的分类进行过相关介绍："有的学者把国学按时间分类，以我国先秦经典及诸子学为根基，涵盖了两汉经学、魏晋玄学、隋唐佛学、宋明理学和相应时期的汉赋、六朝骈文、唐宋诗词、元曲与明清小说并历代史学等""有的学者把国学按文化分类，分为儒、道、释三家，儒家贯穿并主导中国思想史，其他列从属地位""有的学者把国学按四部分类，即经、史、子、集，其中以经、子部为重，尤倾向于经部"。企业领导者构建自己的国学知识架构时，可以参考以上类型。

国学知识的津要，指的是中国传统思想中的核心内涵。以儒学为例，读《论语》要理解其"仁"的核心内涵，读《孟子》要把握其"义"的核心内涵，学程朱理学要懂得其"天理"的核心内涵，学阳明心学要领悟其"良知"的核心内涵，等等。

2000年前后，任正非在华为公司内部表达过："我们要爱祖国、爱社会，我们更要爱企业和员工，但我承认爱自己的家人，还是要比爱员工多一些，因为这才是真正的爱。"这种推己及人的有等差之"爱"，与《孟子》中的"亲亲而仁民，仁民而爱物"的思想观念十分吻合。"爱"的等差性就是儒家思想的核心内涵"仁义"，是儒家评价各学派的重要"圭臬"，如孟子依此就骂过墨家无父、杨朱无君，因为墨家只知道兼"爱"，杨朱只知道自"爱"，都不符合儒家有等差之"爱"的思想观念。结合儒家评价"爱"的"圭臬"，任正非经营思想的核心内容或者"体"，与儒家思想十分契合。

华为在经营管理中，也用严刑峻法、信赏必罚等体现法家思想的办法，防范人的私利私欲，但任正非说过："但我也不同意商鞅的做法，财富集中，民众以饥饿来驱使，这样的强大是不长久的。"任正非骨子里还是不愿意像法家那样走极端，法家思想也只是任正非经营思想中的一种"用"。

对于自己的经营哲学，任正非有过一个精辟的总结——"灰度"。他是这样诠释"灰度"的："一个领导者重要的素质是方向、节奏，他的水平就是合适的灰度""合理地掌握合适的灰度，是使各种影响发展的要素在一段时间的和谐，这种和谐的过程叫妥协，这种和谐的结果叫灰度""（中国历史上的变法）大多没有达到变革者的理想。我认为，面对他们所处的时代环境，他们的变革太激进、太僵化，冲破阻力的方法太苛刻。如果他们用较长时间来实践，而不是太急迫、太全面，收效也许会好一些。其实就是缺少灰度"[一]。结合任正非这些观点，我们可以理解"灰度"是一种"和谐"的思想，而不是"非白即黑""激进""僵化""苛刻"的思想。华为前董事长孙亚芳把这种"灰度"思想直接解读为"不走极端"。任正非的这种"灰度"哲学与儒家的"中庸"思想十分一致。

任正非的经营思想内容，能够反映出他的国学知识架构，以及他所理解的国学知识津要，这种架构以儒家思想为"体"，以法家思想（以及其他中华传统思想）为"用"。譬如任正非把自己的思想总体归结为不走极端的"灰度"思想，符合儒家的中庸之道，但他任用干部时强调"宰相必起于州郡，猛将必发于卒伍""茶壶里的饺子我们是不认的"这种法家措施。

2019 年 8 月下旬，在宁波，我拜访了方太集团的茅忠群董事长及其文化助理张家浩。在谈话中，就儒、释、道等中国哲学，茅忠群表达了他的看法，尤其是这些中国哲学对企业经营的影响和运用。茅忠群有一个观点是十分明确的：企业领导者可以广泛涉猎儒、释、道及诸子百家的思想观念，但用于企业经营管理，儒家思想还是应该成为主流。

[一] 引自任正非 2009 年 1 月 15 日发表的《开放、妥协与灰度》。

《淮南子·氾论训》中说："百川异源，而皆归于海。"任正非和茅忠群等企业家的经营思想，就中国文化领域来说，是以儒家思想为"体"，以百家思想为"用"；就世界文化领域来说，是以儒家思想为"体"，以百家与世界思想为"用"。任正非和华为人就是运用"体用经营思维"创造了《华为基本法》中"爱祖国、爱人民、爱事业和爱生活是我们凝聚力的源泉"等"体"思想，以及"以产业报国和科教兴国为己任""以顾客满意度作为衡量一切工作的准绳""普惠认同华为的模范员工""我们决不让'雷锋'吃亏"等"用"思想，使华为的经营实践能够以内部的确定性应对外部的不确定性。

天道经营思维
生生不息，遵循自然法则与社会法则

中国的企业领导者要产生行之有效的经营思想，离不开"体用经营思维"，其中"体"思想是长期不变的，代表中国人常说的"道"，包括价值观、理念、原则等。关于"道"的重要性，孔子在《中庸·予知章》中说："人皆曰予知（道），驱而纳诸罟攫陷阱之中，而莫之知辟也。"人们以为自己了解"道"，但实际上能够认知和遵循"道"的人很少，陷入重重困境也就难以避免，更不要奢望能够做成什么事情了。中国人也把"道"称作"天道"。

任正非的"唯有文化才能生生不息"，与《易经》所表述的"天道思维"十分契合。

不知道任正非是否读过《易经》，但从他所讲的"唯有文化才能生生不息"来看，他对《易经》中的一些核心观念应该是有共鸣的。

中国的"文化"概念最早出自《易经·易传》的贲卦象辞："观乎天文，以察时变；观乎人文，以化成天下。"其中"天文"是宇宙的现象，"时变"是变化的规律，这句话表明古人是通过观察去发现宇宙的规律，即"天道"

的。而"人文"则源自"天道"，它被用来"化成"天下人，使人超越动物属性，富有人文精神。人文化成天下，可以理解为"天道"化成天下。

"生生不息"同样源自《易经·易传》，其中的《系辞传上·第七章》说："天地设位，而《易》行乎其中矣。"《系辞传上·第五章》说："生生之谓易，成象之谓乾，效法之谓坤，极数知来之谓占，通变之谓事，阴阳不测之谓神。"这两段话综合起来要表达的观念是，"易"运行在天地之间，化生出天地万物，人们通过万物呈现的象数，可以认知事物变化的规律，即"天道"，并可以用它来预测未来。

结合《易经·易传》的这些观点，任正非所说的"唯有文化才能生生不息"表明，如果能够遵循"天道"，既可以使华为人超越动物属性且富有人文精神，还能够使华为人洞察天地万物变化的规律以避害趋利、成就事业，保障华为健康长久地"活下去"。在 2000 年发表的《活下去是企业的硬道理》一文中，任正非说过："如果一个企业的发展能够顺应自然法则和社会法则，其生命可以达到 600 岁，甚至更长时间。中国古人所讲的'道法自然'就是这个道理，我们现在讲的实事求是也是这个道理，企业的经营管理必须'法'（遵循）自然法则和社会法则，必须不断地求'是'（规律）。"从中国传统文化的视角来看，遵循自然法则和社会法则，可以理解为遵循"天道"。遵循"天道"的思维模式，可以被称为"天道思维"。

张謇是清末的状元，也是中国近代实业家、教育家，他对作为儒家六经之一的《易经》，自然不陌生。在"实业救国"的浪潮中，张謇经过多方筹措，创办了纱厂，取名为"大生纱厂"。"大生"两个字容易让人联想到《周易·系辞传》中的"天地之大德曰生",意指天地的最大德行,令天地万物和人类得以生生不息。张謇为企业冠名"大生"的本意,应该与"天道"思维密切相关。

任正非说:"唯有文化才能生生不息。"企业领导者的经营思想如果能够顺应"天道",遵循自然法则和社会法则,企业就能够生生不息,健康长久地"活下去"。

对"天道"心怀敬意,做到居安思危,才能化险为夷。

《易传·系辞下》说:"《易》之兴也,其于中古乎?作《易》者,其有忧患乎?""《易》之兴也,其当殷之末世,周之盛德耶?当文王与纣之事耶?是故其辞危。"孔子读《周易》,总是禁不住感叹,中古时期人们大概有忧患、艰难,因此才作《周易》吧。商代末期,周文王被囚禁在羑里(今河南汤阴北),所以他所系的文辞都含有警戒、畏惧之意。可以说,孔子从《周易》里读出了历代作《周易》的先贤所感受到的世道艰难和危险。

令孔子十分忧虑的是,人们对世界万物遵循的"天道"缺乏清醒的认知,要么理解不到位,要么过度解读,总是轻易偏离甚至违背自然法则和社会法则,使自己陷入危险的境地。归根结底,是他们对"天道"不够敬重、忧患意识缺乏。

任正非的忧患意识已经被大家所熟知。据称,2009年12月,任正非在观看好莱坞大片《2012》之后深受触动,担心以后信息爆炸会产生数字洪水,给华为带来巨大冲击,届时华为要想生存下来,就必须有能够自救的"挪亚方舟"，于是开始筹建"诺亚方舟实验室"○。其实任正非所忧虑的，远不止信息爆炸造成的数字洪水泛滥，以他对世界形势的敏锐洞察，更担心华为公司研制的产品中，那些对欧美企业依赖度较高的硬件和软件，会受到影响。

任正非的忧患意识，还在《华为的红旗到底能打多久》《活下去是企业的硬道理》《华为的冬天》等文章中，得到了充分的展现。譬如在《华为的冬天》中，有这样一句话："公司所有员工是否考虑过，如果有一天，公司销售额下滑、利润下滑甚至会破产，我们怎么办？我们公司的太平时间太长了，在和平时期升的官太多了，这也许就是我们的灾难。泰坦尼克号也是在一片欢呼声中出的海。而且我相信，这一天一定会到来。面对这样的未来，我们怎样来处理，我们是不是思考过。我们好多员工盲目自豪，盲目乐观，如果想过的人太少，也许就快来临了。居安思危，不是危言耸听。"

《易传·系辞下》中说："危者使平，易者使倾。其道甚大，百物不废。惧以终始，其要无咎。"只有对"天道"心怀敬意、时时戒惧，才能化险为夷、吉无不利；如果得意忘形，就会骄傲自满，招致倾覆。

对客观事物发展规律的深远洞察带来的强烈忧患意识，塑造了任正非如履薄冰、如临深渊的心态，以及遵循"天道"、居安思危的思维习惯，这使他总是能够果断、正确地做出应对未来潜在风险的决策，包括"诺亚方舟实验室"的建设。从现在的成效来看，"诺亚方舟实验室"在抵御外界风险时能够发挥积极作用，可以为华为的进一步发展做好铺垫，使华为有希望再一次绝

○ 根据《现代汉语词典》（第7版）中的规范，首选词为"挪亚方舟"，因该实验室为华为自主命名并广泛传播，故本书引述该实验室时沿用"诺亚方舟"。——编者注

处逢生。

《道德经》中说："人法地，地法天，天法道，道法自然。"企业领导者如果能够学点《易经》的知识，有意识地认知和遵循"天道"思维或经营法则，用"天道经营思维"创造企业发展所需的经营思想，企业就有可能转危为安、生生不息。任正非和华为人就是运用"天道经营思维"，创造出《华为基本法》中"顺应技术发展的大趋势""顺应市场变化的大趋势""顺应社会发展的大趋势"等思想观念，指导华为在战略预判和业务决策等方面取得了长足进步。

自律经营思维
自我批判，坚守内心的规矩禁防之具

企业领导者遵循其认识到的经营法则，制定相应的规章制度和激励机制，以此来自觉约束自己，也让员工依此进行自我约束，这种致力于促成干部、员工约束自我的思维方式，可被称作"自律经营思维"。成功约束自我的前提是将规章制度和激励机制内化于心，用它们要求自己。

企业如果不能对员工充分信任和放权，员工就难以自觉自律地主动工作。

企业管理最理想的状态是，在公司规章制度的要求和激励机制的牵引下，干部员工都能够高度自律、积极主动地完成自己的任务和目标。华为公司的管理在这方面有着不俗的表现。

在2000年之前，由于通信手段落后，在很长时间里，即使像华为这样从事通信信息解决方案供应的企业，总部对市场一线人员也没有太多有效的联络办法，尤其是对那些没有落地在办事处、游走在各地进行产品推广的行销经理而言，只能采取"放养式"管理，基本上只能靠产品行销经理个人自觉。

我当时是华为新业务产品营销部的行销经理，几年的时间内都在西南、西北地区拓展市场。每到一个省，向办事处报到之后，我要么找办事处的客户经理一起见客户，要么自己选择有潜在需求的客户进行拜访。在办事处办公期间，办事处主任基本不管我，由于当时还没有配置手机等移动通信设备，总部主管领导也管不到我，我基本上处于自由自在的状态，如果自律性差一些，整天在宾馆睡觉也几乎无人过问，只要月底给总部提交一份纸质的月度报告就可以了。就是在这种"放养式"的管理下，我和当时华为大多数产品行销经理竟然都做到了按照公司规定来进行自我约束，努力完成了自己的工作任务。

自己之所以能够自律工作，细想起来，一方面是因为当时华为公司的管理规定简洁、合理，容易被理解、认同和记住；另一方面是因为管理者对一线员工充分信任和放权，这为员工自觉自律地工作创造了足够的空间和良好的氛围。

2010年，我加盟深圳一家电力解决方案提供商，担任副总裁。这家公司是华为公司的金牌合作伙伴，一直坚持学习华为的经营管理方法，邀请过由华为过去的高管创办的管理咨询公司来辅导管理变革，也聘用过不少华为曾经的干部员工，我就是其中一员。依照在华为工作时养成的惯性思维，我在处理事务时，只要在自己的权限范围内，都会自律工作、自觉担责。譬如，对项目投标价格拍板，如果没有超过自己的审批权限，我一般不会请示老板，自己批复之后，直接交由下属落实。但下属总是提醒我向老板报告，在得到老板同意之后才能执行。我还发现，有不少下属经常就业务上的事情，越过我直接向老板当面汇报，或者发邮件向老板请示，而老板也总是"勤快"地答复、批示。

不久之后我就明白了，即使像我这样在公司背负较大任务目标的副总裁，也没有太大的决策权，公司的业务大多由老板决策。老板的行为表明，在这家公司里，大家是不被信任的，这直接导致这家公司的干部员工不可能自觉自律地主动工作，"自律经营思维"在这里严重缺位。即使这家公司的管理规定像华为那样简洁、合理，华为公司以信任和放权促进干部员工自律工作的管理精髓，在这里注定难以发挥作用。不少熟悉这家公司管理状况的华为人把这家公司称为"假华为"。这种过于集权的管理方式，也为这家公司卷入纷争埋下了隐患。

《道德经·第十七章》中说："太上，不知有之；其次，亲而誉之；其次，畏之；其次，侮之。信不足焉，有不信焉。悠兮，其贵言。功成事遂，百姓皆谓：'我自然'。"企业如果能够对干部员工合理信任和放权，规章制度和激励机制就可能被大家心悦诚服地认同，并成为大家铭刻于心的"规矩"，大家也就能依此自觉自律地主动工作。

儒家教育最大的特征，是以"化成"方式，揭示人们内心本有的规矩禁防之具，自律地约束自己的言行。

把公司的规章制度和激励机制内化到干部员工的内心，成为铭刻在大家心中的"规矩"，使大家无须扬鞭自奋蹄，积极主动地工作，是大多数企业领导者梦寐以求的管理状态。儒家的主要教育方法就是"人文化成天下"，通过"化"来揭示人们心中本有的"规矩"，让人们以高于规章制度和激励机制等规范的标准，自觉主动地工作。

宋明理学倡导人们学习"四书五经"，其主要目的是通过学习这些经典，教化大家认知和遵从自己内心本有的"规矩"，即天理、良知，自强不息地恪守自己的本分，其中就包括做好自己的本职工作。关于四书五经的学习，《朱子语类》中称《论语》《孟子》《中庸》《大学》是熟饭，看其他经（即"五经"）是打禾为饭。人们读好"四书"，就能够得到"五经"中的思想精华，揭示自己心中本有的"规矩"。

任正非的经营思想中，有不少观点与"四书"中的思想密切相关。"人聚财散，人散财聚""钱分好了，管理的一大半问题就解决了"等，都与《大学》中的"财聚则民散，财散则民聚"密切相关。"我们要爱祖国、爱社会，我们更要爱企业和员工，但我承认爱自己的家人，还是要比爱员工多一些"，与《孟子》中的"亲亲而仁民，仁民而爱物"密切相关。"开放、妥协、灰度，这句话我是几年前对美国一个政治家说的，主要不太赞同美国的单边主义，太强势、太霸道，也许它弱势一点，不仅世界和平，而且拥护它的人更多"与《中庸》中的"道之不行也，我知之矣：知者过之，愚者不及也。道之不明也，我知之矣：贤者过之，不肖者不及也"密切相关。

除了读好"四书"这个方法，朱熹提出一个更加精要的学习捷径，这个方法就在他题写的《白鹿洞书院揭示》，即书院院规之中。院规规定，儒家的教学目的为"父子有亲，君臣有义，夫妇有别，长幼有序，朋友有信"；学习顺序为"博学之，审问之，慎思之，明辨之，笃行之"；修身要点为"言忠信，行笃敬；惩忿窒欲，迁善改过"；处事要点为"正其义不谋其利，明其道不计其功"；为人要点为"己所不欲，勿施于人。行有不得，反求诸己"。院规的内容来自四书五经，浓缩了儒家学问的核心思想及修习方法。

朱熹将白鹿洞书院的院规题写为《白鹿洞书院揭示》。之所以用"揭示"二字，是因为"苟知其理之当然，而责其身以必然，则夫规矩禁防之具，岂待他人设之而后有所持循哉？"意思就是要向人们揭示其内心本有的"天理"，以此来规范、约束自己的行为，不要一味等待他人用外部的规则来管束自己。朱熹所说的"天理"，也可以理解为"天道"。

《论语·为政篇》中说"从心所欲不逾矩"。从中国哲学的发展史来看，儒家历来都是诸子百家中用"天道"进行自我约束的典型代表，"自律思维"是儒家标志性的思维模式。

任正非通过常态性地"自律"严格约束自己，也以此带领员工"自律"。

"自律"是两千多年来儒家反复表述的，是人们落实内心"规矩"（即"天道"）的最有效的方法。儒家学问生生不息地传承与发展，就是为了使落实"天道"的"自律"方法能够与时俱进。

任正非的经营思想事实上也是他内心"规矩"的呈现，他的落实方式自有特色。他约束自己，主动稀释股份让利员工，坚持批判自我的不合理行为。近几年，大家在网络上可以发现很多关于任正非"自律"行为的报道：有因内部审计出不合规费用而自觉接受处罚的，有单枪匹马出差时在机场被抓拍的，有出差坐头等舱要自掏腰包补差价的，有在办公室喝可乐自己掏钱的，有在华为食堂跟员工一起排队买饭的，等等。其实，这些只是任正非"自律经营思维"在日常工作中常态性表现的一小部分而已，他也以此来带动员工

"自律"。

《论语·颜渊篇》中说："君子之德风，小人之德草，草上之风，必偃。"任正非等企业家通过"自律"约束自己，以此教育和带领干部员工"自律"。"自律"作为落实"天道"的有效方法，也应该成为其他企业领导者和干部员工的主要思维模式。企业如果缺乏"自律经营思维"，再强大的经营队伍也难免会因为偷奸耍滑、阳奉阴违等溃不成军。

任正非和华为人的"自律经营思维"引申出了《华为基本法》中的"将永不进入信息服务业""质量是我们的自尊心""不单纯追求利润的最大化"等经营思想观念，使华为在战略坚守和主观能动性等方面取得了长足进步。

他律经营思维
削足适履，用制度流程约束自我和团队

儒家的主要教育方法是"人文化成天下"，即通过"教化"揭示人们心中本有的"规矩"，以高于规章制度和激励机制等规范的标准，自觉自律地主动工作。在中国历史上，儒家秉持的"教化"方法一直受法家挑战，法家推崇严刑峻法、信赏必罚，主张用法规从外部管束人。

《华为基本法》除了可以像儒家那样导人向善，也可以像法家那样抑人之恶，以培养员工的"他律经营思维"。

在选择儒家学问作为主流思想的同时，也有人选择用法家思想与之抗衡，形成了阳儒阴法的局面。要成就事业，学习和运用法家学问也是一个必要的选择。

我在给一家企业做文化辅导的时候，企业老板问我，在进行企业经营时，儒、法两家思想各自能起到什么作用。为了回答这个问题，我给他描述了一个治水的情景。

在江南的大部分区域，河道纵横交错，政府几乎每年都要组织人员清理

河床、疏通河道，修筑、加固河堤，目的是在洪水到来时，能够把河水控制在河堤内，按照河流的特性，从高往低、从西向东流动，防止洪水泛滥，淹没农田村庄。对人的治理也是如此。儒家学说提倡引导人心转向自性中本有的善，启发人"自律"地遵从内心的"天道"，就像疏通河道，引导河水自己从高往低不舍昼夜地流淌。法家学说提倡抑制人们作恶，使人养成遵守社会法则的"他律"习惯，把人的行为约束在合理的范围之内，就像修筑河堤，强迫河水按照人为规定的河道流淌，防止河水四处泛滥。

儒、法两家学说用在企业经营中，其目标是一致的，都是要治理好企业中的人，使企业内人与人之间秩序井然、相互协作，两家学说的思路和方法虽然各有侧重、各有价值，但相辅相成、相得益彰。

1998 年 3 月，经过 3 年多的企业文化梳理之后，华为公司颁布了《华为基本法》这部企业管理大纲，或者说经营思想大纲。《华为基本法》的内容是华为人在以往的经营实践中证明过的，体现了华为人内心本有的"天道"，即经营法则。《华为基本法》在统一了华为人思想的同时，也成为华为经营管理的一把标尺，指导华为制定管理流程、规章制度和激励机制等。《华为基本法》颁布当年，华为就重金聘请 IBM 顾问团队，辅导华为进行管理变革，制定了一套完整的管理流程及相应的规章制度，用来规范和约束华为人的经营行为。为了确保约束的有效性，华为甚至强令员工"削足适履"。

《论语·为政篇》中说："道之以德，齐之以礼，有耻且格。""礼"是一种外在的"规矩"，近似于法家的"法"。《华为基本法》用于人文教化，可以像儒家那样导人向善，以培养员工的"自律思维"；用于规则管束，则可以像法家那样抑人之恶，以培养员工的"他律经营思维"。

采用法家的"他律"手段管束，才可能有效抑人之恶；在大多数情况下，"他律经营思维"应在企业管理中起主要作用。

法家思想基于对人性自私的认知，如《韩非子·六反》所说："君人者虽足民，不能足使为天子，而桀未必为天子为足也，则虽足民，何可以为治也？"《韩非子·八奸》还认为："成奸者有八术：一曰在同床，二曰在旁，三曰父兄，四曰养殃，五曰民萌，六曰流行，七曰威强，八曰四方。"认为就连自己的妻、儿、父、兄这么亲近的人，都不可全然信任，他们也可能因为利益而加害于你。

法家治人的观点十分明确，认为人的"自律"是靠不住的，只有通过外部法规、手段和权势、手段和权势，用"他律"的办法管束人们的言行，才可能治理好社会。在治理民众方面，法家主张依法不依人，采取"缘法而治""不别亲疏，不殊贵贱，一断于法""刑过不避大臣，赏善不遗匹夫"等准则，一切以法律为依据，高低贵贱一视同仁；在任用官员方面，法家主张依术不依人，采取"言已应，则执其契；事已增，则操其符。符契之所合，赏罚之所生也""宰相必起于州郡，猛将必发于卒伍"等准则，一切以功绩为依据，完成任务就奖赏、重用，完不成任务就处罚、弃用；在守住君位方面，法家主张依势不依人，采取"明主之所导制其臣者，二柄而已矣。二柄者，刑德也""君持柄以处势，故令行禁止"等准则，认为君主只有把握赏罚大权，白官、白姓才能听从自己的调用。

华为公司在企业经营管理中，有不少理念与法家思想有着异曲同工之妙。

譬如，在干部任用方面，任正非认为，一切以业绩为前提，不要把工作复杂化，选拔干部不强调对方多难，要强调对方做了多少好事，要坚持从成功的实践中选拔干部，宰相必起于州郡，猛将必发于卒伍，这虽然不是唯一的选拔方式，但它是重要的形式。在管理权威方面，任正非认为，30多年来，他在华为最重要的工作，就是选人用人、分钱分权，把人才用好了、干部选对了，把钱和权分好了，很多管理问题就都解决了。华为选拔干部、分钱分权等行为的背后，有严格的规章制度作为"河堤"，对员工行为进行明确约束，以"他律"的方式保障华为的经营行动不会失控。

我在华为公司时有一段切身经历，由此感受到了华为"他律"的威力。我相信不少华为人都有过类似的感觉。2008年年初，华为亚太片区被划分为东亚、南太、东南亚和印度四个地区部，公司拟任命我去印度地区部担任副总，分管产品行销工作。身体的原因，我没有到任，便回到了公司总部。总部把我安排到国内业务与软件行销部，既没有相应的任命，也不安排具体的事务。我资历还算比较老，平时没有人来管我，就这样，我成了办公室里的一个"闲散人员"。按道理我是可以自得其乐地混日子的，但事实上并非如此，一方面是忙碌惯了，闲下来自己感觉难受；另一方面，华为的管理规则十分严密，虽然我不像普通员工那样有人监督，但考核机制像无形的眼睛把我盯得紧紧的，令我无法闲散。

《道德经》中说："天网恢恢，疏而不失。"仅靠"自律"约束，而不采用"他律"管束，抑人之恶难以奏效。"他律"在多数情况下要起到主要作用。华为、方太等公司显然深谙法家"他律"思维的精髓，把管理的"网"织得密不透风，让员工几乎找不到混日子的"缝隙"。

华为兼顾儒家倡导的"自律"与法家倡导的"他律"，采取儒里法表的做法。实践证明，这一做法是卓有成效的。

法家的"他律"思想侧重于对人的言行进行外部管束，虽然可以取得立竿见影的成效，但对人性的关怀和人心的顺应，缺乏应有的关注和办法。商鞅甚至主张，为了治理好百姓，必须置他们于贫穷、困弱之中，这极易导致百姓心中产生极大的抵触。孔子说："道之以政，齐之以刑，民免而无耻。"法家这种治理思想和办法，容易使人心坠落到更加无耻、险恶的境地，这也导致靠法家思想所取得的成功都难以得到人们的真心拥护，所创的功业大多难以长久。

正如贾谊在《过秦论》中所说："以六合为家，崤函为宫；一夫作难而七庙隳，身死人手，为天下笑者，何也？仁义不施而攻守之势异也。"只用法家"他律"的办法治国的秦国，虽然吞并了六国、统一了天下，但仅仅14年的光景，就迅速灰飞烟灭了。后世那些能够吸取秦朝教训的王朝，在采用法家"他律"的治理办法的同时，还兼用儒家"自律"的治理办法，这样的王朝往往能够延续百年，甚至数百年之久。

同样的道理，在现代企业治理中，我们也要清醒地认识到，培养"他律经营思维"，学习和实践法家"他律"的办法，有利于企业聚合力量、排兵布阵。但企业要想凝聚人心、基业长青，则需要采用儒家主张的"自律"办法，使员工养成"自律思维"。华为的经营管理基本做到了儒法兼用，采用的是"儒里法表"，或者说"儒体法用"的办法。

关于法家治理学问中的不足，任正非有着清醒的认识。他强调长期艰苦奋斗是指思想上的，并非物质上的，华为始终坚持让员工通过劳动和贡献富起来，要警惕富起来以后的怠惰，但他也不同意商鞅的做法——将财富集中，以饥饿来驱使民众，他认为这样得来的强大是无法长久的。大家都知道，华为员工的收入相对来说是比较高的，但至今没有规模性地出现如商鞅判断的"民贫则力，民富则淫""弱则尊官，贫则重赏"的情况，大多数华为员工是越富裕越努力、越重赏越积极，表现出较大的自律性。

《中庸·祖述章》中说："道并行而不相悖，小德川流，大德敦化。"中国现代企业的经营，只有同时倡导和实践儒家的"自律"与法家的"他律"，才可能充分应对人性中的善与恶，把企业治理好，帮助员工实现梦想。

任正非和华为人的"他律经营思维"衍生出《华为基本法》中的"对每个员工提出明确的挑战性目标与任务""根本上否定无政府、无组织、无纪律的个人主义行为""对违反公司纪律和因牟取私利而给公司造成严重损害的员工，根据有关制度强行辞退""建立健全管理控制系统和必要的制度"等经营思想观念，指导华为在聚合力量和建设流程等方面取得了长足的进步。

实干经营思维
拼死相救，只对准一个城墙口冲锋

华为从 1987 年注册资金只有 2.1 万元的小微企业，发展到 2020 年年底，注册资金达到 403.1 亿元，销售收入达到 8914 亿元，净利润达到 646 亿元，成为世界级高科技企业。作为中国的一家民营企业，华为如果不是一步一个脚印地付出了过人的实干行动，如果不是依靠点点滴滴、锲而不舍的艰苦追求，是很难发展为像今天这样强大的公司的。

2005 年 1 月 22 日，在达沃斯世界经济论坛上，任正非接受了 BBC 记者的访谈。访谈中记者费尽心机想要挖出华为成功背后的"隐情"，甚至是"黑幕"，但一番交锋之后，BBC 记者终于意识到，华为之所以如此成功，还是因为任正非和华为人是低调的实干者，最后便以"华为人，低调的实干者"为此次访谈报道的标题。

华为市场部"胜则举杯相庆，败则拼死相救"的工作原则，既是呼吸与共的协作精神的写照，又是锲而不舍的"实干经营思维"的体现。

1994 年 6 月 5 日，在庆祝程控电话交换机设备的销售订单突破 12 万线的酒会上，任正非发表了祝酒词，他是这样说的："'胜则举杯相庆，败则拼死相救'的市场工作原则，几年来感召了多少英雄儿女，一批一批地上前线。商场如战场，却比战场更加持久地残酷与艰苦，苦难的历程又抚育了多少市场营销干部。没有他们一滴汗、一滴泪地奋斗，就不会有今天月销售额突破12万线的好成绩。"[○]结合祝酒词中的观点，华为公司市场部是一个既踏实肯干，又追求实效的组织，"一滴汗、一滴泪"就是踏实肯干的写照，"销售额突破12万线"就是追求实效的证明。

同样的情况在1997年下半年再次上演。华为公司签下了一个信令网产品大项目，项目金额超过8000万元，这是当时华为最大的单笔合同订单。更重要的是，华为业务首次成规模进入中国通信网络最核心的领域。这对华为来说绝对是一次意义重大、实实在在的市场突破。签下这笔订单，是华为全公司的一个天大喜讯，当时我这个不属于信令网产品线的员工，在听到这个消息之后，也着实为公司感到骄傲。合同签订后不久，我们就读到了任正非签发的一个会议决定——《胜则举杯相庆，败则拼死相救——总裁办公会议决定全公司向市场部学习》，号召全体华为人学习市场部的精神。市场部的精神就是为了让公司始终充满危机意识，在实干中不断优化自己的精神，它是华为企业文化之魂。[○]华为企业文化之魂，其核心是一种务实的、实干的精神，这种精神是华为对"空谈误国，实干兴邦"的践行和发展。在20世纪90年

○ 引自任正非1994年6月发表的《胜利祝酒词》。

○ 引自任正非1997年发表的《胜则举杯相庆，败则拼死相救》。

代，"空谈误国，实干兴邦"的理念，一直是华为企业文化的重要组成部分。

华为文化一直倡导"胜则举杯相庆，败则拼死相救"。华为市场部既用它表达呼吸与共的协作精神，更用它展现锲而不舍的"实干经营思维"，最后它也成为华为的企业文化之魂。

"实干"，从来都是华为人的重要思维模式，也是他们日常工作的真实写照。

1998 年上半年，我从华为公司总部被派到昆明办事处，参与一个会议电视项目的运作。这是一个覆盖范围从省会昆明到各地州、再从各地州到各县的会议电视省级网络项目。华为自成立到那时为止，会议电视产品还从来没有获得省级网络项目的建设机会。在当时，华为会议电视产品的市场竞争力很弱，无法与外企产品相比，也比不过国内企业中兴。那时候，华为公司已经销售了一套会议电视系统给某地邮电局，该系统经常服务当地政府，但运行不稳定，总是出问题，客户意见很大。当时我被提醒要注意这个情况，因为它很可能成为华为争取该省整个会议电视网络项目的最大障碍。

华为当地办事处把这个项目定位为当年最重要的项目，憋着劲想要拿下它，希望我设法在招标之前给华为产品营造一个良好的形象和口碑。我当时意识到，自己接受了一个几乎无法完成的任务，因为华为会议电视产品的技术、品牌不如大多数国内外竞争对手，况且好不容易在当地建了一套系统，却问题不断，处在被客户埋怨和诟病的恶劣状态。

思来想去，我也没有找到什么太好的办法，唯一可以做的，就是通过苦干加"实干"，把这套会议电视系统整改完善。整改的详细过程就不赘述了，我只记得自己和一个售后服务工程师，下沉到当地足足 3 个月之久，可以说尽了洪荒之力，调动了华为各种资源。我们一个问题接一个问题地踏实分析、扎实整改，直到大部分问题被妥善解决。这个事实说明，只要认真对待、踏实肯干，无论多难的问题都能得到解决或改善。令人欣慰的是，系统整改的良好效果加上华为人的"实干"态度，不但平复了客户的历史积怨，还促成了当地邮电局向省邮电管理局给华为"报功"。这次扎实的整改，最终为华为争夺该省会议电视省级网络项目奠定了坚实的基础，也为华为赢得了良好的口碑。

《荀子·修身》中说："道虽迩，不行不至；事虽小，不为不成。""实干"，从来都是华为人的重要思维模式，也是他们日常工作的真实写照。1998 年那次项目的运作，只是我作为华为人日常"实干"的一个缩影。

任正非带领华为"只对准一个城墙口冲锋"，战胜重重困难，取得辉煌成就，是华为"实干经营思维"最突出的体现。

2002 年前后，华为公司迎来了自己的冬天。当年，IT 行业的泡沫破灭，华为公司内外交困，一方面市场规模明显萎缩，另一方面高管、骨干大量流失。任正非后来回顾这段历程，感觉自己那时对公司的控制已经完全失效了。当时，连我这个华为中层主管都能明显感受到，华为公司这次可能遇到了非同寻常的挑战，我和很多同事甚至都开始打算另谋出路了。

好在当时任正非又一次顶住了压力，不但带领华为走出了困境，而且反其道而行之，在公司的至暗时刻，积极组织力量，踏踏实实地进行管理变革，组织新产品研发，积极拓展海外市场，为公司下一阶段的发展夯实基础。任正非在困境中所表现出的顽强意志和务实态度，与他的"实干经营思维"密不可分。

在华为的发展历程中，任正非的"实干经营思维"产生过诸多行之有效的经营思想，譬如，市场拓展方面的"胜则举杯相庆，败则拼死相救"，产品研发方面的"板凳能坐十年冷"，利益分配方面的"不让'雷锋'吃亏"，干部选拔方面的"宰相必起于州郡，猛将必发于卒伍"，战略坚守方面的"只对准一个城墙口冲锋"，等等。

2016年3月5日，任正非在接受新华社专访的时候，对于华为战略的坚守，他是这样表述的："华为坚定不移，28年只对准通信领域这个'城墙口'冲锋。我们成长起来后，坚持只做一件事，在一个方面做大。华为只有几十人时就对着一个'城墙口'冲锋，几百人、几万人时也是对着这个'城墙口'冲锋，现在十几万人还是对着这个'城墙口'冲锋。密集炮火，饱和攻击，每年1000多亿元的'弹药量'炮轰这个'城墙口'，研发费用近600亿元，市场服务500亿~600亿元，最终在大数据传送上我们领先了世界。"

其实，早在1998年发布的《华为基本法》中，第一条就对华为的战略方向进行了明确规定："华为的追求是在电子信息领域实现顾客的梦想，并依靠点点滴滴、锲而不舍的艰苦追求，使我们成为世界级领先企业。为了使华为成为世界一流的设备供应商，我们将永不进入信息服务业。"任正非这种锲而不舍的"实干经营思维"所产生的经营思想，指导华为战胜重重困难，实实在在地创造了一个世界级企业。

《荀子·劝学》中说："锲而舍之，朽木不折；锲而不舍，金石可镂。"任正非等企业家锲而不舍地坚守战略方向，战胜重重困难，取得辉煌成就，追根溯源，都是"实干经营思维"最突出的体现。

任正非和华为人的"实干经营思维"，产生了《华为基本法》中的"点点滴滴、锲而不舍""保证按销售额的 10% 拨付研发经费""建立敏捷生产体系"等思想观念，指导华为在行动力和执行力等方面取得了长足进步。

实证经营思维
实践证明，先帮客户成功，自己才能成功

企业离不开"实干经营思维"，但要不断取得经营成功，还需要具备较强的归纳能力，坚持从以往的经营活动中归纳总结经营规律，以此来指导企业的经营活动。以客户为中心，先帮客户成功，自己才能成功，是华为"实证经营思维"归纳总结出的经营思想之一。

华为在学习西方的科学技术和科学管理的同时，还训练了华为人归纳总结的"实证"能力和习惯，推动了华为的快速发展。

归纳逻辑是西方实证主义哲学推崇的方法论。实证主义强调科学知识必须建立在观察和实验得出的经验事实基础之上，这对现代科学技术、管理理论的发展，起到了非常积极的促进作用。

我在华为公司工作的十多年，既是忙碌工作的十多年，也是学习培训的十多年，接受了各种各样的产品技术、业务技能、管理知识，甚至西方哲学的培训。和很多华为人一样，我也代表自己的业务部门，配合了合益集团、IBM 等西方咨询公司辅导的管理变革，参与了管理体系建设和流程体系建设。

华为不惜"削足适履"，强力推广西方管理方法及其实证性思维模式，以求得快速发展。经过 30 多年的发展，华为已经成为一家全球性的高科技公司，在世界各地拥有数百位科学家，以及近十万名科技人才，在技术开发、产品研制、运营管理等方面积累了丰富的科学经验。华为能够快速发展的主要原因之一，是其能够坚持学习源自西方哲学的自然科学、社会科学、人文科学等，以及直接从西方哲学中吸收了大量的科学认知方法，尤其是"实证"方法。

2020 年 1 月 5 日，在方太文化研究院发表的《方太茅忠群：如何看待中华优秀文化和科学之间的关系》一文中，茅忠群是这样看待科学的："先讲科学。科学是什么？科学（理论）是我们的科学家发现了物质世界的真理。有的还只是发现了物质世界的相对真理，有的甚至相对还达不到，因为过几十年就发现它是错的""什么是科学理论？其中有一条是'是否具有可证伪性'。如果说一个很玄的东西，比如有没有鬼神，谁也没法证明，这个就不是科学理论。科学理论，是要能够证明你到底是对的还是错的，即使是将来发现错误也能够证明，可以推翻掉，所以这是科学"。"证伪"与"实证"是科学划界相互补充、不可或缺的两个标准。

正如这句已经深入国人内心的话："实践是检验真理的唯一标准。"华为在学习西方的科学技术和科学管理的同时，还训练了华为人归纳总结的"实证"能力和思维习惯，实践证明这些措施有力促进了华为的快速发展。

华为运用"实证经营思维"取得的经营成果说明，将实证主义思想，即"先帮客户成功，自己才能成功"的思想付诸实践，可以有效提升企业的经营成就。

西方哲学实证主义的创始人奥古斯特·孔德提出一个"理智发展三阶段"的观点，认为个人或人类都会经历三个阶段，即神学阶段、形而上学阶段和实证阶段。结合孔德的观点，我们大致可以推出，在人类社会经历的三个阶段之中，神学阶段主要是希腊最早有记录的哲学家泰勒斯出现前的时期，形而上学阶段主要包括古希腊、古罗马哲学阶段和西方近代哲学阶段等，实证阶段是孔德自己出现后的阶段。企业领导者要想经营好现代企业，掌握一些西方哲学知识以培养"实证思维"，是十分必要的。

从客观上来看，实证主义的哲学思想，是对西方哲学史成果的一种继承、批判和重构。除了认为理念世界和现象世界不可分，实证主义更加注重事物的逻辑性、实效性、科学性，主张科学万能、归纳逻辑最科学，认为实证是认知和改造世界（自然世界和人类社会）的唯一有效方法。

对于现代企业来说，实证主义所揭示的"实证思维"，能够为企业提供科学、实用的思想和逻辑，帮助企业对实践经验进行归纳总结，认知企业经营中的自然法则和社会法则，并在优胜劣汰的市场竞争中，依据实际成果检验和优化这些法则。

在华为公司的经营管理实践中，很多方面都体现了"实证思维"的运用。2005 年之前，我每年年终都按照公司要求，对上一年工作进行回顾、分析、归纳，总结经验和教训，在此基础上进行纠偏、纠错，并规划下一年的工作策略和措施。2005 年之后，华为开始引进 IBM 的战略管理办法，开始认真实施战略规划复盘，进行战略总结和战略优化。随着华为公司的发展，无论战略规划，还是年度规划，甚至具体项目运作，"实证经营思维"都被有意识地广泛运用。

2000 年左右，华为公司为了在亚太市场迅速打开局面，积极帮助当时还处在起步阶段的泰国通信公司 AIS 在市场竞争中持续取得商业成功，获得了巨大的业务收入提升，AIS 也因此让华为获得了更多的产品订单，这是华为"实证经营思维"有效运用的一个经典案例。

AIS 是泰国一家移动电信运营商，1999 年，决定进军移动通信市场时，其主要竞争对手 DATC 已经占据了泰国移动通信市场的半壁江山。显然，AIS 要想后来者居上、发展更多移动电话用户的话，其采用的设备不仅要具备极高的性价比，而且业务方案要体现出超强的差异化竞争优势。深入研究泰国旅游业的特点后，华为发现预付费业务在泰国将大有市场，便向 AIS 推荐了这个方案。

尽管时间紧迫，华为还是在两个多月的时间里完成了设备的安装调试，还领先 DATC 半年推出了预付费业务，吸纳了大量用户。随后，华为又陆续推出了更具特色的彩铃业务和小额博彩业务，用户数每天增长一万多，AIS 不到 5 个月就收回了投资成本，创造了泰国电信运营史上的一个奇迹。AIS 由此取代了 DATC 成为泰国第一大移动运营商，股票市值也曾从泰国股市中游迅速飙升至第一。

我是 2007 年到华为的亚太片区负责业务与软件的行销工作的，包括预付费、彩铃、小额博彩等增值业务，这些都是由我和我的团队负责销售的。那时虽然华为与 AIS 的合作已经有 7 年之久，但由于 AIS 的移动业务收入持续增长，因此每年对华为增值业务的扩容采购量依然很大，AIS 一直是支撑我们部门销售业绩的主要客户之一。

事实证明，AIS 在取得了商业成功之后，给予了华为公司较大的信任，积极开展与华为公司的全面合作，不断从华为大规模采购移动通信网络设备、业务产品和终端，为华为拓展泰国市场乃至亚太市场奠定了坚实的基础，这也成为华为公司有效运用"实证经营思维"的众多成功案例之一。

任正非说："要在理性与平实中存活。"华为的经营实践证明，实证阶段形成的"实证思维"与形而上学阶段形成的"理性思维"，在企业的经营实践中都能发挥积极作用，它们共同生成了华为的科学方法和经营思想，促进了华为经营能力和经营成就的提升。

任正非和华为人的"实证经营思维"，产生了《华为基本法》中的"我们过去的成功说明，只有大市场才能孵化大企业""通过不断的品质论证提高产品的可靠性"等思想观念，指导华为不断试错、纠错、总结和归纳，进而产生行之有效的经营思想。

第三章

能力

意志驱动赋能，提升经营本领

:
:

【任正非语】要坚持"小改进，大奖励"，为什么？它会提高你的本领，提高你的能力，提高你的管理技巧，你一辈子都会受益。如果我们不强调提升公司核心竞争力是永恒发展方向，我们的"小改进"改来改去，只顾自己改，就可能对周边没有产生积极的作用，改了半天，公司的整体核心竞争力并没有提升。

资料来源：任正非发表的《在实践中培养和选拔干部》，1999。

相对于经营意志，经营思想从感觉上来看更加有形一些，用文字表达也更加容易。但无论经营意志，还是经营思想，都是偏形而上的"事物"，要变得有实用价值，就要依靠形而下的"事物"来落实。一个自然人可能身无长物，甚至一无所有，也可能没有任何外部"事物"可以依仗，但不可能一点本事都没有，因为他至少还有一些力气、技巧、技能和本领，只要思路或思想落实到位，这些本事就是其最根本的能力。这些根本性能力越是有利于其进行社会竞争，它们就越可能成为其核心竞争力。这些属于自然人的根本性能力，相对而言更接近形而下，是落实形而上的思路或思想时首先需要依仗的。企业也是如此，经营思想最能依仗的形而下的"事物"，就是企业经营团队所拥有的力气、技巧、技能和本领等根本性能力，我们称之为企业的经营能力。任正非认为，提高本领、技能和技巧等经营能力，不能无的放矢，而要向着有利于增强公司核心竞争力的方向发展。

运用战略思想、市场思想、产品思想、组织思想等经营思想，指导相应的战略能力、市场能力、产品能力、组织能力等经营能力，使经营能力的提升符合企业核心竞争力的要求。

这一章将继续以华为为例，阐述在经营意志的驱动下，经营思想是如何通过文化能力建设，去指导和化成战略能力、产品能力、销售能力、组织能力、领导能力等一系列经营能力的，以确保企业提升核心竞争力。需要做个说明，对于经营能力中的产品能力和销售能力，本章将整合为商业能力进行统一阐述。

人文化成
赋能华为，把思想化成经营能力

通常情况下，经营思想一旦形成，经营意志就会驱动企业用经营思想指导经营能力的建设，有效落实经营思想，支撑企业快速成长。经营思想要成功指导企业经营能力建设，就需要一个行之有效的指导办法。大量的经营实践证明，企业文化就是众多办法中最有效的那种。

用经营思想指导经营能力建设的措施很多，华为的经营实践证明，企业文化建设是其中最有效、最持久的。

一个人具备了某种思想，但缺乏相应的能力，也很难将这种思想付诸实践，即使勉强行动，成效也不会太理想。这就好比有人喜欢读《庖丁解牛》这篇文章，对文章倒背如流，对其中的思想理解得也十分透彻，但如果缺乏庖丁那样的能力，他也不能像庖丁那样游刃有余地解牛。同样，一个企业如果仅有经营思想，而缺乏相应的经营能力，也不太可能把经营思想执行到位，并产生应有的经营成就。

作为经营思想的《华为基本法》，其内容覆盖了战略思路、市场思路、产品思路、组织思路等，华为长期用《华为基本法》指导华为经营能力的建设和提高，以确保经营能力对经营思想的执行有效、有力。关于企业的经营能力，华为公司经常用一架飞机来比喻。就像一架飞机主要由机头、机翼和发动机等主要模块组成，企业经营能力的组成也与之相似，华为把战略能力比喻为飞机的机头，把市场能力和产品能力比喻为飞机的两翼，把组织能力比喻为飞机的发动机。华为正是用《华为基本法》中的战略、市场、产品、组织等思路，来指导经营中的战略、市场、产品、组织等能力建设。在经营能力中，市场能力是一种"销售"能力，产品能力是包括原料采购和产品研制在内的一种"供给"能力，这两种能力结合在一起，统称为商业能力。因此，我们可以认为经营能力主要包括战略能力、商业能力和组织能力等。

《华为基本法》指导经营能力建设和提高的措施很多，华为的经营实践证明，企业文化建设是其中最有效、最持久的。2000年国庆节前，华为公司中研体系召开了一场几千人规模的大会，任正非要求将呆死料作为奖金、奖品发给研发骨干，也就是把工作不认真、盲目创新所产生的呆死料、单板，以及到一线"救火"——处理网上设备故障时产生的机票，用镜框装裱起来，作为"奖品"发给研发体系的几百名骨干。大概也是在那个时候，任正非给研发部的工程师们提出希望，让大家不要只满足于做一个研发产品的工程师，还要学会做工程商人，要研究市场需求和客户需要，使自己研发出的产品能够产生应有的销售收入，体现应有的商业价值。○事实上，通过采用这种"教

○ 引自任正非 2000 年 9 月 1 日发表的《为什么要自我批判》。

化"方法，华为获得了采用灌输、要求等强令性措施所达不到的理想成效，研发能力发生了质的变化，研制出的产品的市场价值及商业化程度有了显著提升。

《易经》中说："观乎人文，以化成天下。"企业文化能够发挥的作用很多，譬如美化品牌、提高素养、统一意志等，但最重要、最实在的作用，还要数它能把经营思想有效"化成"企业的经营能力。

中国企业文化建设，应主要立足于中华优秀传统文化，同时吸收世界文明成果，以此提升其对经营思想的"化成"效率。

企业的文化能力，本质上是一种认知能力，它能使企业的经营思想成功激起员工的认知、认同和共鸣，并有效指导员工提升经营能力。企业文化是一种行之有效的赋能方法。

关于文化的定义，陈春花教授在《企业文化管理》一书中指出，学术界关于文化的定义已有四五百种。不同的文化定义各有侧重，这应该也是人们对文化概念认知模糊的一个重要原因。其实，关于文化的定义，最早或可追溯到《易经》中的"观乎天文，以察时变；观乎人文，以化成天下"，文化就是"人文化成天下"，其中的"人文"（即诗书礼乐）相当于教材，"化成"相当于教育方法，"天下"相当于教育对象。"人文化成天下"这个文化定义，在我看来是最精准的定义。

关于企业文化的定义，通常认为是由美国麻省理工大学斯隆商学院教授埃德加·沙因发明的。沙因在《组织文化与领导力》一书中说："一个团体的文化可以被定义为：在解决它的外部适应和内部整合问题的过程中，基于团体习得的共享的基本假设的一套模式，这套模式运行良好，非常有效，因此，它被作为对相关问题的正确认识、思维和情感方式授予新来者。"换言之，用经营实践中发展出的"基本假设的模型"这种教材，以"传授"的教育方式，教育好组织的新成员。沙因采取的"传授"，听起来更接近于宣贯。

基于以上观点，中国企业文化中的"人文"，是一种经营的基本假设，即经营思想；"化成"主要是指用企业的经营思想，教育好企业员工的思想和行为，并指导员工提升业务技能。另外，我在第一章中已经系统地阐述过，中国企业文化的建设应对中华文化和世界文明成果兼收并蓄，尤其是要在以儒家文化为主流的中华优秀传统文化之中深深扎根，以保障对干部员工的有效化成。

在华为的经营管理中，决定经营思想传播和化成的有效性的，莫过于实践证明和表达语言两大因素。实践证明，主要是指经营思想观念的内容是否付诸实践，且实践是否已经证明它是行之有效的，譬如"先僵化、后优化、再固化"这句管理变革的指导思想，实践已经证明了它的正确性，因而深得人心。表达语言，主要是指表达经营思想观念的语句是否"动人心魄"，譬如"胜则举杯相庆，败则拼死相救""小胜靠智，大胜在德""春江水暖鸭先知，不破楼兰誓不还""宰相必起于州郡，猛将必发于卒伍""泥潭里爬起来的是圣人"等，这些语句一发布，就打动了华为人，后来也打动了华为以外的很多人。在我的印象中，在华为工作期间，那些能引起我和同事们共鸣的经营思想，往往是借用传统文化"金句"表达内容。传统文化"金句"，因其深厚的文化内涵和价值观念，早已沁入中国人的内心，故此，这类表达语言很容易令大家同频共振。华为在建设企业文化的时候，除了广泛吸收世界文明成果，更懂得把文化之根深深地扎入中华优秀传统文化的土壤之中。

唐玄宗在《起义堂颂序》中说："奉命以造邦，源濬者流工，根深者叶茂。"中国企业的企业文化建设，在梳理和明确企业经营思想的前提下，有必要在扎根中华优秀传统文化土壤并吸收世界文明成果的基础上，建设好企业文化，并依此把经营思想"化成"员工的经营能力。

是否可以梳理出一种共性的文化建设路径，用它来保障经营思想对能力的有效化成？

《华为基本法》的发布，是华为公司文化建设历程中一个里程碑式的事件，当时我在华为已经工作两年，有幸经历和见证了这个重要事件。

华为从创业初期开始，一直奉行"客户就是上帝""客户是华为存在的唯一理由""产品质量是我们的脸面""农村包围城市""胜则举杯相庆，败则拼死相救"等服务客户的观念，以及"板凳要坐十年冷""坚持艰苦奋斗""知本主义""财散人聚，财聚人散""不让'雷锋'吃亏""宰相必起于州郡，猛将必发于卒伍"等治理员工的观念，显然，这样一组观念，符合埃德加·沙因所说的处理外部适应与内部聚合的基本假设，反映了华为公司基本的经营思想。对于这个经营思想的实践，任正非曾经说："我若怕死，何来让你们艰苦奋斗。"事实上，他也的确这样身先士卒，带领华为人艰苦奋斗，取得了巨大的经营成就。在成功实践的基础上，华为聘请中国人民大学的几位管理专家，组织公司全员讨论，三年内八易其稿，在1998年3月通过审议并发布了《华为基本法》这部经营思想大纲。此前经过三年的全员讨论，《华为基本法》

发布时，其内容已经"化成"了华为员工的思想和言行，并有效指导了他们经营能力的提升。《华为基本法》发布之后，华为新员工一入职就会被组织学习《华为基本法》，旨在传承和实践其中的经营思想。

2019 年 8 月下旬，经过朋友介绍，我到宁波的方太集团拜访了茅忠群董事长及其文化助理张家浩，获得了单独畅谈的机会。期间谈及方太企业治理过程中文化建设的几件事情，至今令我印象深刻。第一件，方太集团发展前期主要采用西方管理理念和方法、工具支撑公司的发展，直到 2008 年茅忠群受到以儒学为主的国学思想的启发，开始明确以"良知"和创新等作为核心观念，立志把方太集团发展为伟大企业；第二件，用"良知"经营产品，不惜投入更多的成本和时间研制产品，以减少厨房油烟对身体的伤害；第三件，茅忠群带头学习、实践儒家思想和核心观念，倡导全公司坚持践行"立一个志、读一本经、改一个过、行一次孝、日行一善"，强调文化建设中"行"比"知"更关键；第四件，通过儒家特色企业文化建设，改善了方太员工的工作状态和精神面貌，让员工的家庭关系更和谐，对社会产生了良好的影响。儒家特色企业文化的建设，客观上统一了方太集团的经营思想，激发和指导了方太集团经营能力的建设，支撑了方太集团发展为厨电行业领军企业。方太企业文化建设的独到之处，在于创建者茅忠群在企业经营过程中感悟到了儒家文化的价值，并毅然立志把公司建设成伟大企业，以人品、产品和企品三合一为核心价值观，形成新的经营思想，并以身作则，带领团队在经营实践中把新的经营思想化成企业的经营能力。

参考以上所列举的华为和方太企业文化建设的案例，我们不难归纳出中国企业文化建设中的一些共性步骤。

第一步，立足以儒家思想为主流的中华优秀传统文化，吸收现代世界文明成果。

第二步，结合企业经营发展需要，进行价值构建、品格塑造及经营假设，形成指导企业经营发展的经营思想。

第三步，企业领导者带头落实经营思想，并通过实践检验和完善经营思想。

第四步，梳理和明确经过实践检验的经营思想，整理成企业的管理大纲，用充分的"全员讨论"方法去化成员工，指导他们业务经营能力的提升。

第五步，以"学习、传承、实践"的方法教育新员工，以此指导他们提升业务经营能力。

《周易·系辞传下》中说："天下一致而百虑，同归而殊途。"探讨企业文化建设的方法和步骤，目的是梳理出一种共性的文化建设路径，在经营思想"化成"战略能力、市场能力、产品能力和组织能力等方面，为企业提供一些启示和参考。

战略预判

亿则屡中，成长为世界级领先企业的绝技

企业的经营战略，是要对企业的经营前景进行预判和决断，决策企业该做什么、不做什么、先做什么、后做什么，以保证企业经营收入的稳定获取，这是企业领导者不可或缺的商业判断能力，其最高境界是"亿则屡中"。

儒商始祖子贡"亿则屡中"的战略预判能力，不仅让他富可敌国、能与国君分庭抗礼[⊖]**，更使孔子扬名天下，但此等企业战略能力可以培养和修炼吗？**

司马迁在《史记·货殖列传》中对子贡有这样的评价："子贡结驷连骑，束帛之币以聘享诸侯，所至，国君无不分庭与之抗礼。夫使孔子名布扬于天下者，子贡先后之也。"无论从政还是经商，子贡取得的成就都十分出众，尤其在经商方面，子贡获得的财富之多，堪称富可敌国，各国国君都愿以平等的身份来接待子贡。子贡利用在诸侯中的影响，积极弘扬、传播孔子的学问，

使孔子名满天下。后世尊称子贡为"儒商始祖"。

《论语·先进篇》中孔子有一句话，揭示了子贡在商业上取得巨大成功的奥秘："赐不受命，而货殖焉，亿则屡中。"钱穆在《论语新解》一书中这样解释："古者商贾由公家主之，子贡未受命于公家而自以其私财市贱鬻贵，逐什一之利。"从中我们可以理解子贡不是官商，走的是"市场经济"的道路，完全靠着自己对经济规律的把握，做到了"亿则屡中"，准确做出行情判断。"亿则屡中"关键在"亿"，即"臆断"，就是凭借自己的直觉进行预判。这是一种商业心智，不必依靠严密筹算。

一个企业家，要想让企业健康长久地"活下去"，如果在关键的战略节点不能对行情做出敏锐的洞察、做出精准的决策，就很可能遭遇经营的"滑铁卢"。2019 年 7 月底，网上传播着《周鸿祎：我把创业者能犯的错误全犯了一遍》一文，文章中有这样一段话："创业者需要在没有前车之鉴的判例中进行决策，又需要在泰山压顶般的压力下做出最优的判断，对于创业者来说，每一天都是压力测试。"作为一个创业者，我对这句话深有同感，只要企业还活着，企业领导者就要不断做预判和决策，预判错一次，就可能损失惨重，甚至一蹶不振，这迫使企业家不断提升自己"亿则屡中"的能力。其实，这也考验领导者的经营意志，意志越坚定，领导者越可能以沉稳的心态，"亿中"要决策的事物。

任正非对自己的战略决断能力，也并非总是有把握，他也经常被两难决策困扰得寝食难安。1996 年，中国移动从中国电信剥离之后，中国电信把 PHS 无线市话嫁接到固定电话网络上，建成了一个半移动、半固定的业务网络，取名为小灵通。小灵通的技术相对落后，对刚刚做移动业务的华为来说，是研发小灵通方案来赚眼前的快钱，还是坚持研发先进的 2G GSM 和 W-CDMA 3G 技术来赚中长期的大钱，这是一个事关企业生死的战略问题。关于当年这个两难的战略决策，在 2012 年的《四月中旬于上研专家座谈会上的讲话》一文中，任正非有过表述："我当年精神抑郁，就是为了一个小灵通，为了一个 TD[⊖]，我痛苦了 8 至 10 年。"任正非也没有十足的信心做到"亿则屡中"。好在华为后来的发展证明，任正非这次放弃小灵通，押宝 2G GSM 和 W-CDMA 3G 技术，又成功"亿中"了，华为在无线通信系统领域实现了弯道超车。

就算像任正非这样意志坚定、思想杰出的企业家，都难有十足的把握做到"亿则屡中"，遑论其他的企业领导者呢？企业领导者不可能个个都杰出，对于心智不及任正非的那些老板来说，有没有办法尽量接近"亿则屡中"，或者说提升"亿中"的概率，减少"臆断"不准的风险呢？

《中庸·前知章》中说："至诚之道，可以前知。"像子贡那样，用内心真诚产生的直觉做出战略预判和决策，具有"亿则屡中"的奇效。相信多数企业领导者都希望自己能够"亿则屡中"，但这种能力可以培养和修炼吗？

训练和运用《易经》智慧，提升战略"臆断"能力。

从《易经》的发展及其内容中我们不难发现，自然界也好，人类社会也罢，都有规律可循，人们可以借助《易经》比较清晰地认知，企业可以参考

⊖ 指 TD-SCDMA，是"时分同步码分多址"的简称。——编者注

《易经》智慧进行战略预判与决断。

前文曾提到，虽然没有直接证据表明任正非运用《易经》对企业经营做过预判与决断，但他对华为发展所处的经营环境变化的洞察和预判却暗合《易经》所揭示的客观事物发展规律，他总能据此居安思危、防患于未然、未雨绸缪。相比其他企业领导者，这或许是他更接近"亿则屡中"的主要原因吧。

早在 2000 年之前，任正非就"亿中"了 2001—2004 年华为的冬天。2001 年年初，华为公司的销售收入还有较大增长，但忧患意识强烈的任正非，在公司内部刊物上发表了《华为的冬天》这篇文章。这是根据任正非给市场人员解释《十大管理要点》的讲话改写的。还有人说，这篇文章 1999 年就写好了，由于担心动摇军心，任正非接受了公司常务副总裁的意见，当时压了下来，没有立即发表。2001 年，我在华为的华北片区工作，现在依然记得，在北方的冬天读《华为的冬天》，内心寒意阵阵袭来，心中涌现一种苍凉感。任正非提到，十年来他天天思考的都是失败，对成功视而不见，也没有什么荣誉感、自豪感，而是危机感，也许是这样华为才存活了十年。他认为只有华为人一起来想，怎样才能活下去，也许才能存活得久一些。而且他认为失败这一天是一定会到来的，大家要准备迎接。果然，在接下来的几年里，被任正非"亿中"的华为冬天到来了，幸亏华为及时卖掉了手中的安圣电气，用任正非的话说，找到了一件过冬的"棉背心"。

《大学》中说："其所厚者薄，而其所薄者厚，未之有也。"企业领导者主动训练《易经》智慧，重点用于提升战略"臆断"能力，这才是对《易经》

最为通透、合理的运用。

任正非对华为经营发展的洞察和预判，体现了如临深渊、居安思危、转危为机的《易经》智慧，引领华为不断转危为安。

譬如《华为的红旗到底能打多久》《华为的冬天》《北国之春》《弯道超车》等，皆具备《易经》思维特征，帮助华为多次逢凶化吉，在两难的决策中，做出了最优判断。

2002 年，华为在寒冬里艰难抵御 IT 寒流，即便十分困难，任正非仍洞察到冬天总会过去的，他坚定地认为"定会迎来残雪消融，溪流淙淙，华为的春天也一定会来临"，为此，华为积极寻找"弯道超车"的机会。

《华为离职江湖》这本书中记述了这样两个片段。"通信展后（2002 年 10 月底）张利华就收到徐直军命令：准备一份给任老板的正式手机立项汇报材料。在准备材料期间，张利华当时同时在 3G 业务小组，受邀请参加了一次任老板亲自召集的对无线产品线讨论会。会上当任老板让大家畅所欲言时，张利华忍不住大声说：'华为的 3G 设备只能卖一次，但是消费者一年会换好几部 3G 手机，中国有好几亿手机消费者，华为应该尽快立项 3G 手机！否则会失去巨大的市场机会。'任老板一听，'啪'，很响地拍桌子说：'华为公司不做手机这个事，已早有定论，谁又在乱说八道！谁再胡说，谁下岗！'""也是在 2002 年年底，徐直军受任老板委托召开手机立项讨论会，当张利华面向高层从容汇报完之后，任正非情绪和缓地说了两句话，第一句是：'纪平，拿出 10 个亿来做手机。'（当时纪平负责财务）"就是这个里程碑式的战略决策，把华为送入了"弯道超车"的快车道。根据华为 2020 年年报披露，华为消费者业务销售收入 4829 亿元，占华为年度总销售收入的 54.2%，其中手机的销售收入占了绝大部分比例。

人非圣贤，任正非也有"臆断"不清的时候，好在他"自我批评"的态度非常诚恳，能够及时洞察和纠错，重新预判和决断，以确保能够接近"亿则屡中"。

企业领导者如果能够学会用《易经》哲学思维，有意识地洞察企业经营的规律和法则，并进行商业"臆断"，可以缓解内心的焦虑情绪，也容易坦然顺应行业发展兴衰沉浮的规律，更接近"亿则屡中"的境界。

《道德经·第十六章》中说："夫物芸芸，各复归其根。"任正非对华为经营发展几近"亿则屡中"，体现了如临深渊、居安思危、转危为机的《易经》智慧。

组织建设
伦理构建，平衡主人翁心态与打工者意识

组织是由一个个独立的个体组成的，之所以称其为组织，是因为有某种秩序在其中发挥作用，这种秩序通常被称作人伦秩序。企业也是组织，在经营一家企业的过程中，文化能力再强、战略预判再准，如果没有一个得力的组织去落实执行，那经营思想中的经营假设，也就只能是假设了。企业组织能力，或者说企业人伦秩序的构建能力，是企业经营能力中的基础性、支撑性能力。

在发展的前期，华为用"家"文化构建的人伦秩序，对外得到了客户认同，对内凝聚了奋斗者，是华为组织能力建设的思想源泉。

企业作为一个组织，其人伦秩序的构建可以分为内部人伦秩序构建和外部人伦秩序构建。内部人伦秩序如果构建得当，表现出来的人际关系主要是团结互助、众志成城；外部人伦秩序如果构建得当，表现出来的人际关系主要是诚信合作、互利共赢。

企业的组织能力建设通常涉及组织架构、岗位设置、任职要求、干部选

任、人才培养等方面，在《华为公司人力资源管理纲要 2.0 总纲》中，华为就强调要打造干部、人才、组织三位一体的人力资源管理体系。但就组织建设的目标来说，人伦秩序的构建应该是最核心的，只有具备良好的人伦秩序，才能持续建设好干部得力、人才辈出、组织凝聚的优秀团队。本节着重从人伦秩序构建的角度来表述组织建设能力。

像大多数公司的成长那样，华为公司的人伦秩序构建也有一个从"游击队"到"正规军"的演变过程。1996 年我入职华为公司的时候，感受到的人伦秩序基本上处于一种天然状态，主管要求我"多打粮食"，拓展和服务好客户就行，平时没有太多的约束。从职业化的角度来看，当时的确属于"游击队"风格。那时华为的内部秩序，更像"大家族"中有"小家庭"，部门之间守望相助，部门同事情同手足，类似"家"的感觉。华为的外部人伦秩序，重点是客户关系，那时华为把客户当作"衣食父母"，公司上下都有把客户当亲人的强烈意识，在与客户相处时也希望酝酿一种"家"的感觉。正是这种具备了"家"特征的、看似松散的人伦秩序，打造出华为公司较为强大的组织能力，为华为的经营发展输入了强劲的驱动力。

《论语·为政篇》中说："《书》云：'孝乎惟孝，友于兄弟。'施于有政，是亦为政，奚其为为政？"华为发展的前期，"家"特征的人伦秩序，自然源自中国传统文化中的"家"文化。传统"家"文化转化为华为具有"家"特征的人伦秩序，它是华为组织能力建设的文化源泉，对外得到了客户认同，对内凝聚了奋斗者。

在人伦秩序的构建中，功利主义伦理学、义务论伦理学和美德伦理学等

都能发挥价值。多用些美德伦理，良好的人伦秩序更持久。

人伦秩序构建是有标准的，这种标准就是伦理。"伦，辈也""理，治玉也，顺玉之文而剖析之"，合在一起就是"伦理"，用来规范、理顺人伦秩序。美国《韦氏词典》对于伦理的定义是，规定什么是好的、什么是坏的这样的人伦秩序，可以用道德、责任或义务来作为准则。中西方的伦理概念都关乎人伦秩序，包括人与人、人与社会、人与自然的关系。

现代伦理学主要由功利主义伦理学、义务论伦理学和美德伦理学构成，它们形成了三足鼎立的格局。学界对这三种伦理学一直有所发展，难有最终定论，这里只介绍一些我自己的认识。功利主义伦理，是指不考虑一个人行为的动机与手段，把追求幸福或快乐看作唯一目的，仅考虑最大幸福或快乐值，能增加最大幸福或快乐值的就是善，反之就是恶。义务论伦理认为判断人们行为正当与否，不必看行为的结果，只要看行为是否符合义务和规则，强调义务和规则的神圣性，以及履行义务和规则的重要性。美德伦理以传统美德为行为规范，超越责任义务与功利，认为美德是一种习惯化、传统化的仁义或良知概念，人们应该遵从美德，使自己的生命获得如天地般崇高与深远的意义。

用一个例子来讲述这三种伦理的区别。一位天才科学家和一位普通工人在乘坐高空热气球时遇到危险，如果不减少一个人，热气球将坠毁，两个人都将死去。再假设这位科学家是地球上最有可能攻克艾滋病的人选之一，你认为该如何决定？如果你认为科学家能够救治更多的艾滋病患者，他的贡献要比普通工人大，普通工人应该跳下去，这就是功利主义伦理学的观点；如果你认为他们的生命价值是平等的，应该遵循某种规则，例如采用"抽签"等规则来决定谁活下来，这就是义务论伦理学的观点；如果你认为应该按照美德来行事，有人应自觉主动地把生的机会留给对方，从类似"舍生取义""义薄云天"等美德中升华自己的生命，这就是美德伦理学的观点。

华为发展前期以"家"为特征的人伦秩序，更多遵循美德伦理学的观点，但随着华为公司不断壮大，人员不断增加，由美德伦理支撑起来的人伦秩序已经开始松散，难以形成足够大的组织合力。2000年左右，任正非提出"多一点打工意识，少一点主人翁心态"，并且陆续引进合益集团、IBM等公司进行人力资源与业务流程等方面的管理体系打造，使华为公司的内部秩序开始从"游击队"向"正规军"转化，从"家人"秩序转向"国人"秩序。美德伦理在华为内部起到的凝聚作用开始减弱，而义务论伦理和功利主义伦理起到的作用逐渐增强，并逐步替代美德伦理成为主要标准，这三种伦理标准在华为人伦秩序构建中达到了新的平衡。

功利主义伦理与义务论伦理是企业经营发展中常用的人伦规范，在构建人伦秩序时，往往能够产生立竿见影的效果。但人们也发现，仅仅采用这两种人伦规范，只能暂时处理好人伦关系，无法保证长期效果，更无法感动人心。美德伦理则不然，正如《周易·系辞传上》所言："可久则贤人之德，可大则贤人之业。"用美德伦理规范人伦关系，可以感动人心，效果更持久。

关于美德，《论语·子罕篇》中说："知者不惑，仁者不忧，勇者不惧。"《道德经·第六十七章》中说："我有三宝，持而保之：一曰慈，二曰俭，三曰不敢为天下先。"而体现美德伦理关系最有代表性、操作性的描述应该算是五伦关系准则，即《孟子·滕文公》中所说："父子有亲，君臣有义，夫妇有别，长幼有序，朋友有信。"在西方文化中，关于美德，主要强调智慧、正义、勇气和节制等个人美德，不太强调规范人伦关系的准则。

"惟德动天，无远弗届。"功利主义伦理学、义务论伦理学和美德伦理学等，都能够在企业的人伦秩序构建中发挥重要作用，采用功利主义伦理和义务论伦理效果往往立竿见影，但要想长期有效，离不开美德伦理。

中国企业在进行伦理建设时，如果多遵循一点儒家美德，少使用一点法家方法，将更容易被企业内外真心认同，组织能力将更加强劲有力。

在本节中，我们主要立足中国传统美德，讲述中国企业人伦秩序的构建，即美德伦理构建。

中国企业内部人伦秩序，参照中国传统美德伦理，就会体现为"劳资义、上下亲、正副别、长幼序、同僚信"的企业版美德伦理。不难理解，如果中国企业构建的美德伦理符合中国的传统五伦，将更容易被大多数员工接受，员工也更容易像家人一样相互敬爱、团结协作，这有利于弥补企业制度的不足。

华为公司内部人伦秩序构建目前所遵循的中国传统美德伦理，与功利主义伦理与义务论伦理相比要少一些。在功利主义与义务论形成强大的组织合力的同时，也带来一个明显的副作用——员工之所以愿意"奋斗"，主要是因为收入丰厚；收入一旦不如其他企业，不少员工离开公司的可能性较大。现在的华为员工，打工者意识比主人翁心态更强烈，公司难以再给员工带来"家"的感觉，自然而然，员工的归属感就不如 2000 年之前强烈了。

中国企业的外部人伦秩序，主要体现为政府关系、客户关系、债权人关系、供应商关系、社区关系、社会与自然关系等，目前传统美德伦理在其中发挥的作用，与义务论伦理和功利主义伦理相比，同样少一些。关于华为的外部人伦秩序，在客户关系构建方面，已经成为华为的生命根本，华为所做的一切，从本质上来说都是为了服务好客户，为了不断提高客户的满意度。在政府关系构建方面，华为作为一个企业公民，也一直是榜样式的存在，近几年更是成为蜚声国际的中国品牌。在供应商关系构建方面，为了保障自身良性发展，华为积极辅导供应商改进，帮助供应商达到世界先进标准，利润方面也强调与供应商合作共赢。在社区关系，以及社会与自然关系构建方面，华为虽然没有刻意把它们作为重点关系进行构建，但总体上来说，也有不俗的表现。华为公司的文化体现在竞争关系上，是一种明显的目标导向和功利导向，但在处理竞争关系时，华为有时也会推己及人，从大局着眼。2018年7月中兴遭遇挑战时，任正非就说："华为禁止去中兴挖人，禁止搬迁中兴的设备，更不许落井下石。"这无疑展现了竞争美德伦理。

无论企业内还是企业外的人伦秩序构建，要让企业根基稳固、基业长青，用美德伦理标准来构建人伦秩序是最理想的选择，但要让美德伦理变得可实施、可操作，还有必要用"礼"来表达和自我约束，用"法"来规范和强制约束。"礼"用来疏导善意，"法"可以防堵奸恶，二者之间的关系如治理洪水时的疏浚河道与修筑堤坝，它们更接近义务论伦理与功利主义伦理。

《论语·为政篇》中说："道之以政，齐之以刑，民免而无耻；道之以德，齐之以礼，有耻且格。"华为当前的人伦秩序建设，遵循功利主义伦理和义务论伦理多了一些，如果能够增加一些中国传统美德，加强美德伦理的构建，让华为人更能够"有耻且格"，相信人伦秩序能给华为经营提供更大合力，华为的组织能力会更加强劲有力。

商业才能
士魂商才，小胜靠智，大胜在德

企业经营最核心的任务，从传统意义上来说，其实就是买卖，即商品销售和供应；从现代意义上来说，则主要指产品的市场销售，以及包括原料购进在内的产品研制。市场销售能力（简称市场能力）与产品研制能力（简称产品能力）合在一起就是现代企业的商业能力，它是决定企业盈利与否的主要能力，是企业经营能力的晴雨表。本节以商业能力为主题，对市场能力与产品能力进行综合阐述。另外，由于市场能力与产品能力跟它们所对应的经营工具关系十分紧密，难以分开表述，因此，其部分能力的阐述将在下一章的"销售运作"和"产品研发"两节中展开。

华为倡导的"小胜靠智，大胜在德"也可以说是"小才靠智，大才在德"。

2005 年左右，我在华为公司负责运营商解决方案部，当时公司打出了"小胜靠智，大胜在德"的口号，直到 2009 年我离开华为时其还在宣传这一观念。我和很多华为同事都认同这个口号，认为华为的确应该把"大胜在德"

奉为圭臬，但至于"大胜"为什么"在德"，当时我还理解得不够深刻。

记得我在华为时，除了从 2002 年开始的文史哲培训班安排过儒学综合性课程，华为就没再统一组织学习过《论语》等儒家经典。但我记得有一些曾与我一起共事的华为同事，在 2000 年之前已经开始自学国学，阅读了《大学》《论语》《孟子》等儒家经典，而且能够把读经典的体悟巧妙地运用到与客户的交往之中，取得了良好的工作成效。陆隽大概是我知道的最早自学国学的华为人，印象中是 1999 年的一天，我随陆隽一起出差，工作之余，我们与一位客户闲聊，我惊讶地发现，与我年龄相当的陆隽，竟然能够与那位较年长的客户自如地交流读《论语》等儒家经典的心得。他们谈得十分投机，很多句子我虽然觉得似曾相识，但又不是很熟悉。坐在一起喝茶时听着他们畅谈，是一种美妙的享受，但我内心也对自己的无知感到惭愧。听其他同事说，后来陆隽被派往华为内蒙古办事处当代表时，也带着他的团队一起读经典，把学习国学的良好习惯用到了办事处的管理实践上。他这样做的原因大概就是学习和实践《论语》等经典，使他在商业才能与工作业绩等方面受益匪浅。陆隽是较早开始学习《论语》等经典的华为人之一，这些华为人大概也较早感悟到了"大胜在德"的内涵。

任正非对儒家思想，似乎只是"弱水二千，只取一瓢"，好像并不把儒家思想作为主流来进行经营实践。王育琨在《苦难英雄任正非》一书中提到，任正非说过："如果孔夫子之道就能治国，《道德经》就能治国，怎么中国近几百年没发展起来呢？我们不要认为依托任何一种文化就可以促进任何一种发展。"这段话容易给人一种错觉——任正非不认为儒家思想能够在商业活动中产生积极作用。事实上，正如我们在第二章所表述的，任正非在治理公司的时候，对于"爱"的理解和实施，非常契合孟子提出的"亲亲而仁民，仁民而爱物"这种儒家倡导的有等差的爱。

任正非这一代人，上中学和大学时没有系统学过国学，除了那些研究这些内容的学者，否则应该没有多少人完整地读过《论语》等儒家经典，任正非可能也不例外，因为在他的讲话稿或文章中，出自儒家经典的语句并不多。但任正非的很多观念与儒家思想十分契合，譬如，在《北国之春》一文中，任正非说："我写的《我的父亲母亲》一文，日本朋友也译成了日文、英文让员工传阅，他们误认为我是孝子。我是因为没有尽到照顾父母的责任，精神才如此内疚与痛苦。我把全部精力献给了工作，忘了父母的安危，实际上是一个不称职的儿子。"[○]任正非虽然自认为"是一个不称职的儿子"，但从他表现出的内疚与痛苦来看，他内心是想做一个"孝子"的，对儒家提倡的"孝悌也者，其为仁之本与"是十分认同的；《华为基本法》的第七条是这样表述的："华为以产业报国和科教兴国为己任，以公司的发展为所在社区作出贡献。为伟大祖国的繁荣昌盛，为中华民族的振兴，为自己和家人的幸福而不懈努力"，显然这与儒家齐家、治国、平天下的家国同构相吻合。不直接引用儒家经典句子，但从表述的话语和实际的行为来看，任正非不少思想观念能够在儒家思想中找到源头。依据这些观点，我们可以做出判断：任正非优秀的商业才能和巨大的经营成就与儒家思想之间应该存在一定的关系，否定这

○ 引自任正非于 2001 年 3 月发表的《北国之春》。

一点，是很难让人信服的。

任正非言语上虽然没有太直接的表达，但他那些符合儒家等差之"爱"的观点，以及"灰度"哲学，已经从一定程度上体现了对儒家思想的认同。

儒家是诸子百家中最推崇"以德治人"的学派。任正非和他身边不少干部主动学习和实践儒家思想，自然而然，类似"小胜靠智，大胜在德"的观念，就能够被华为人广泛认同。在此基础上，"小才靠智，大才在德"的观念也就不难深入华为人心中了。

"君子喻于义，小人喻于利"，通过"把钱分好"去践行"仁义"，才可能驱动企业提升商业能力。

在华为工作的十多年里，我参与经营过图像、排队机、短信、计费系统、智能网等业务软件产品，它们哪怕处在公司产品家族的边缘，有不少还是在国内市场甚至国际市场名列前茅。这种骄人的商业成绩，足以说明华为业务软件产品线的商业能力是十分强大的。

业务软件产品线为电信运营商客户提供的业务，大多为增值业务，这种业务事关客户的竞争力。为了服务好客户，华为业务软件产品线人员在20世纪90年代就已经先于华为其他产品线开始采用"顾问式"服务。通过"顾问式"服务，华为业务软件产品线人员会帮助客户做相应的需求分析、业务设计和服务方案，为客户选择合适的增值业务提供参考。正所谓"近水楼台先得月"，华为因此能够获得掌握客户需求的先机，也能够捕捉客户采购的先机，无形中增加了华为赢得一些项目建设的机会。业务软件产品线作为华为产品线中的非主流，为了跟上公司整体的发展步伐，不得不经常另辟蹊径、敢为人先，设法提升自己的商业能力。

与华为其他产品线相似，业务软件产品线之所以具备这样强大的动能、驱动自己不断提升商业能力，归根结底还是与华为"年初养猪，年终杀猪分肉"的利益分配方式密切相关，这种方式在华为深得人心、屡试不爽。正如《华为基本法》第六十九条所言："我们不会牺牲公司的长期利益去满足员工短期利益分配的最大化，但是公司保证在经济景气时期与事业发展良好阶段，员工的人均年收入高于区域行业相应的最高水平。"事实上，华为在绝大多数时候都做到了"员工的人均年收入高于区域行业相应的最高水平"。

华为公司践行这种"养猪杀猪"的理念，对于华为领导者任正非来说就是行"仁义"，对于员工们来说就是获"利益"，更重要的是任正非能够把"养猪杀猪"的权力分解到每一级管理层，让不少员工都能够既行"仁义"，又获"利益"。正因为华为照顾员工利益，对员工充分信任和放权，华为人才愿意以"仁义"之心，尽心尽力、自觉自发地服务客户，同时使自己的商业能力得到充分的锻炼和提升。

《史记·货殖列传》讲述了这样一个故事，范蠡发现计然这个人给越王贡献了七种策略，越王只用了其中五种就实现了富国的志向，这些策略包括"时用则知物""旱则资舟，水则资车""六岁穰，六岁旱""农末俱利""积著之理，务完物""贵出如粪土，贱取如珠玉""财币欲其行如流水"等，用现代商业语言来表达就是"理解产品需求""做好供应准备""洞察经济周期""促成合作共赢""保障存贮物流""果敢贱买贵卖""加快资金周转"等。范蠡运用计然的这些策略，果然赚取了巨大财富。但特别值得大家深思的是，《史记·货殖列传》最后给了这样一句评述："十九年之中三致千金，再分散与贫交疏昆弟。此所谓富好行其德者也。"这个评述蕴含了一个深刻的道理，商业才能持续有效地发挥或提升，与"分好钱"，尤其是从身边的亲朋好友开始分配的德行密不可分。

《论语·里仁篇》中说："君子喻于义，小人喻于利。"企业领导者意识到了"大胜在德"是真正的商道，愿意以践行"仁义"的观念去创造和分配"利益"，才可能带动企业员工努力修养自己的德行，积极促进商业能力提升，为企业获得更好的经营成就做出贡献。

小结：领导能力
经营能力，是最基本的企业领导力

企业通过文化能力把经营思想"化成"战略能力、商业能力、组织能力等经营能力。如果把文化能力纳入其中，那么经营能力包括文化能力、战略能力、商业能力、组织能力等。不难理解，从企业领导者的角度来说，经营能力其实就是领导能力。

如果把文化能力、战略能力、商业能力、组织能力类比为"降龙十八掌"中的前十七掌，那么我们这一节要介绍的领导能力，可看作前十七掌的合集，即第十八掌。

领导能力本身就是影响力，往往与"立德、立功、立言"密切相关，这种能力更多的是在管理实践中逐步积累起来的。

2015 年 9 月 14 日，北大国发院教授、北大国发院 BiMBA 商学院联席院长杨壮，在由新华网思客与北大国发院博士论坛联合举办的《思客讲堂》上这样说道："领导力就是影响。影响是什么？我个人认为影响力就是影响一个有组织的群体里的人，为了实现组织的目标和使命，共同奋斗、共同努力的一项艺术。"很难想象，一个具有强大领导能力的人会缺乏影响力。

王阳明的立功与立言及事事"致良知"的德行，影响力巨大且深远。任正非的影响力和领导力，也受他"立功、立言、立德"（即"道义"实践）的影响。任正非的立功，体现在他把一个注册资金仅 2.1 万元的小微企业，成功发展为一家世界级知名企业，员工人数超过 20 万，业务遍布世界 170 多个国家及地区，服务全球约 1/3 的人口，积累的专利数在全球同行中名列前茅，年营业收入接近 9000 亿元。任正非的立言，体现在其数百篇管理文章中，多数是他即兴和直率表述的讲话稿，但每篇文章都富含经营哲理，不少文章已经成为很多企业领导者必读的经典。任正非的立德，即践行道义，最有说服力的就是他对"财散人聚"的践行，通过远超其他企业的利益分配规模和比例，每年稀释自己的股份，让利给员工，每年用"养猪加杀猪"式的利益大分配，诠释"君子喻于义，小人喻于利"的现代内涵。

任正非的领导能力并非与生俱来，主要是在华为创立之后，在实战中慢慢磨炼和积累起来的。任正非在《一江春水向东流》中说到，自己创立华为公司之前，并没有合适的管理经历，从学校到部队，都没有做过有行政权力的"官"。他还谈到，在时代面前，自己越来越不懂技术、越来越不懂财务、半懂不懂管理，如果不能民主地善待团体，充分发挥各路英雄的作用，自己将一事无成。他也坦承，从事组织建设成了自己后来的追求，如何组织起千军万马，这对他来说是天大的难题。○43 岁开始创业的任正非，意识到自己

○ 引自任正非于 2011 年 12 月 25 日发表的《一江春水向东流》。

"半懂不懂管理"，但又只能走"从事组织建设"这条管理之路，只能在实践中练就自己的领导能力。

《左传·襄公二十四年》中说："太上有立德，其次有立功，其次有立言，虽久不废，此之谓不朽。"领导能力本身就是影响力，其往往与立功、立言、立德密切相关，任正非的领导能力更多的是在华为经营管理实践中逐步积累起来的。

领导能力的组成要素，本质上古今差别并不大，存在普遍适用的领导力模型。

北京大学管理学教授杨思卓在他 2015 年出版的《新领导力》一书中，阐述了一个六维领导力模型，模型包括学习力、决断力、感召力、教导力、组织力、推行力六种领导能力。在六维领导力模型的基础上，我根据自己的管理经验，加上了忍耐力、分配力，形成一个八维领导力模型。

王阳明的领导能力，是在他修己治人、领兵打仗的历程中，通过其建立的神奇功绩被充分证实的。被贬龙场之后，他依然豁达乐观，身心健康，忍耐力得到充分证实；在龙场作驿丞，感化周边民众，化民成俗，感召力得到充分证实；终其一生，积极讲学，授徒无数，教导力得到充分证实；立志学圣贤，打通朱陆[一]，龙场悟道，学习力得到充分证实；平定宁王叛乱，伪造印信，冒险决断，决断力得到充分证实；途经赣江万安水面，临机组织民船，布阵威镇乱民，组织力得到充分证实；剿灭南赣汀樟山匪，有效作战时间不

[一] 融会贯通朱熹与陆九渊的思想。

过半年，推行力得到充分证实；王阳明的分配力，虽然历史资料中没有详细的记载，但从他对军队的统御效果看，应是不差的。王阳明展现的领导能力，符合八维领导力模型。

2020 年 6 月 19 日，华为发布的《星光不问赶路人》一文开篇引用了德国军事理论家克劳塞维茨《战争论》里的一句话："伟大的将军们，是在茫茫黑暗中，把自己的心拿出来点燃，用微光照亮队伍前行。"实际上，在 2002 年左右，华为濒临崩溃，外部销售收入增长几乎停滞，内部人才流失严重，任正非为了带领华为挺过"冬天"，召开了 400 人的大会，在会上他就引用了这句话。

如任正非所说，他挺过了"华为的冬天"，忍耐力得到充分证实；用自己"生命的微光"，稳住了骨干队伍，避免了人才大规模流失，感召力得到充分证实；一系列富有哲理的经营思想，为员工开启心智，教导力得到充分证实；任正非的系列文章，知识丰富，思想高明，学习力得到充分证实；带领华为人在困境中打造 IPD、ISC，赋能干部队伍，建设海外研究所，决断力得到充分证实；把华为从七八条枪发展为有序协作的二十万人的队伍，组织力得到充分证实；突破海外市场，海外销售收入规模增长，推行力得到充分证实；而分配力则体现得最为充分，任正非曾经感叹，钱分好了，管理的一大半问题就解决了。任正非表现出的领导能力，完全符合八维领导力模型。

2017 年 12 月 10 日，在混沌大学的课堂上，俞敏洪分享了他的领导力心法。第一，个性原则，一个人本身的个性，以及由此个性所产生的魅力，对领导力来说十分重要。第二，分享原则，分享是受人关注的基础，俞敏洪将新东方的发展过程比喻为一个分糖的过程。第三，主导原则，是指在某种场合能迅速抓住主动权的能力。第四，气场原则，要培养领导力，你不能总是跟着别人走，要学会避开高压，自创气场。第五，奖励原则，俞敏洪表示奖励有两种——虚和实，"虚"是口头上的表扬和鼓励，"实"就是真金白银的奖励。第六，掌控原则，俞敏洪建议，不要做自己掌控不了的事情，也不要做自己觉得会出问题的事情。第七，包容原则，俞敏洪说，原则性问题是一定要惩罚的，但非原则性问题可以包容。从俞敏洪的表述中可以看出，个性原则体现了感召力，分享原则体现了分配力，主导原则体现了学习力和决断力，气场原则体现了组织力，奖励原则体现了分配力和教导力，掌控原则体现了决断力和推行力，包容原则体现了忍耐力。俞敏洪表现出的领导能力，同样符合八维领导力模型。

朱熹说："如月在天，只一而已，及散在江湖，则随处而见，不可谓月已分也。"领导能力的组成要素，古今差别并不大，存在普遍适用的模型，王阳明、任正非、俞敏洪和杨思卓等人展现出的领导力，就有较大的相似之处。

不同领导力模型也可以相互转换，最终都能够与文化能力、战略能力、商业能力、组织能力等经营能力找到对应关系。

虽然任正非的领导能力符合八维领导力模型，但对于干部的领导力建设，华为还是从经营实践中归纳出一套自己的方法和模型，用来识别和培养干部。

大概在 2003 年前后，我在运营商解决方案部担任负责人，在参加公司年终会议时，接受了公司组织的领导力四象限培训。培训时被告知公司将用这个四象限工具识别领导者个人的领导力，具体从素质（品德、领袖风范）和绩效（责任结果）两个维度综合考查。被识别对象的领导能力最终将分成四类，第一类为责任结果好、品德好、有领袖风范，第二类为责任结果不好、素质不高、没有领袖风范，第三类为责任结果不好、品德好、有领袖风范，第四类为责任结果好、素质不高、没有领袖风范。根据识别结论，公司会对干部进行相应的选拔、任用和培养。其实，通过这种培训，我们这些参训干部能够对自己的能力做到心知肚明，加紧自我提升。

2006 年前后，我在华为全球行销业务与软件部担任副总，我又接受了华为干部九条培训，包括绩效导向能力、团队领导能力、客户关注能力、理解他人能力、组织塑造能力、跨部门协作能力、伙伴构建能力、战略洞察能力和组织承诺能力。这次培训的内容相对具体，对我们来说更便于落实。"干部九条"是所有干部都应该具备的能力，但不同层级的干部所要求的能力各有侧重。按照这里列举的九大能力的顺序，基层干部侧重前三个能力，即综合执行能力；中层干部侧重中间三个能力，即综合协作能力；高层干部侧重后面三个能力，即综合战略能力。这些领导能力的培训，对华为干部队伍建设起到了较大的促进作用，培养了越来越多能够领导更大规模团队作战的领导者。

华为公司的九大领导能力也可以和八维领导力模型中的领导力相对应。

组织承诺能力，对应组织力、忍耐力。

战略洞察能力，对应学习力、决断力。

伙伴构建能力，对应学习力、推行力。

跨部门协作能力，对应组织力、推行力。

组织塑造能力，对应组织力、分配力。

理解他人能力，对应组织力、分配力、教导力。

客户关注能力，对应学习力、忍耐力、推行力。

团队领导能力，对应感召力、教导力、组织力。

绩效导向能力，对应决断力、推行力。

后来，任正非感觉这个"干部九条"过于烦琐，将其进一步简化为理解力、执行力、决断力、人际连接能力这"干部四力"。但华为在进行领导力培训时，主要还是采用"干部九条"的内容。华为就是靠着归纳出的这些领导力，培养华为干部的综合战略能力、综合协作能力、综合执行能力。

另外，我们也不难找出，本节开篇提出的文化能力、战略能力、商业能力、组织能力等领导能力，也可以与华为"干部九条"相对应。

文化能力，对应理解他人能力、组织承诺能力。

战略能力，对应战略洞察能力、伙伴构建能力。

商业能力，对应绩效导向能力、客户关注能力。

组织能力，对应组织塑造能力、团队领导能力、跨部门协作能力。

朱熹说："万物皆有此理，理皆同出一原，但所居之位不同，则其理之用不一。"对领导能力的表述可谓五花八门，但本质上不会有太大差别，相互之间其实不难转换，最终都能够与文化能力、战略能力、商业能力、组织能力等经营能力找到对应关系。

第四章

意志驱动变革，打造经营利器

⋮

【任正非语】 我们所进入的产品是长线领域而不是短线领域，如果我们进入的是短线产品，我们无所谓，搞几个人做做，什么IPD也没有必要，咱们就几个人说了算，什么文档也不需要，就全记到我们脑子里面，短线产品我们是可以做到的。但是作为长线产品，我们是不行的，要缩短研发周期，加强资源配置密度，资源配置的密度就是有非常多的人同时作业，比如说几千人、几万人同时进行一个软件的编辑。

资料来源：任正非在 IPD 动员大会上的讲话，1999 年 4 月 17 日。

如果说经营能力是接近形而下的"事物"的能力，那么包括方法、流程、IT 系统等在内的、更容易理解的、操作性更强的经营工具，就算得上是形而下的"事物"了。主动创造和使用工具，可以帮助人类充分发挥力气、技能和本领等根本性能力。企业也是如此，在经营能力有限的情况下，要尽可能产生更大的经营成效，就有必要创造或改进经营工具。正如打蚊子用高射炮不如用蚊蝇拍更有效一样，经营工具的创造或改进也要量力而行，就企业现有的经营能力而言，经营工具既不能过于超前，也不能过于滞后，要确保现有经营能力在驾驭经营工具时得心应手。正如任正非所认为的，华为之所以进行经营工具中的 IPD 流程建设，是因为华为开始从短线产品进入长线产品，所要求的产品研发能力和工序比较复杂，需要合适的管理工具来支撑研发团队协同作业，确保取得更为理想的产品研发成效。

借助战略能力、市场能力、产品能力、组织能力等经营能力的提升，牵引相应的战略工具、市场工具、产品工具、组织工具等经营工具的引进或改进，尽可能使企业产生更大的经营成效。

本章继续以华为为例，阐述企业要想成功进行战略、销售、产品、组织等经营工具创造或改进的管理变革，就必须在经营意志的驱动下，首先做好企业文化建设、人力资源管理建设等必要的铺垫工作，在此基础上，再根据战略、销售、产品等工具的急迫程度，循序渐进地开展管理变革。

管理变革
改进工具，靠文化、僵化、优化与固化

我在华为公司工作的 13 年里，华为的经营管理变革几乎从未间断，刚开始是企业文化建设，紧接着是人力资源管理变革，再就是集成产品开发流程和集成业务供应流程等流程建设，然后是人岗匹配的组织建设，等等。有人说，这是任正非在对华为人翻来覆去地"烙饼"，以确保华为人保持应有的奋斗状态，防止大家消极怠惰。

这些经营管理的变革，是对华为经营思想的落实，也是对华为经营能力的增强，但最终都会落实在相应的工具、方法和流程等经营工具的打造上。

华为企业文化建设为经营工具的创造和改进起到了内心松土的作用。

华为公司通过企业文化建设，确保大多数华为人都能够理解和认同《华为基本法》所阐述的经营思想，进而使经营思想有效"化成"了经营能力，最终也为经营工具的创造和改进起到了内心松土的作用。

在 1998 年《华为基本法》发布之前，华为文化主要强调"要有主人翁心态"。我记得那时自己和大多数华为人一样，愿意把华为当作自己的家，希

望通过华为这个平台，去改善家庭、服务社会、报效国家。华为公司上至高层领导，下至勤杂员工，每个人都在积极宣传华为文化，虽然各人对华为文化的解读不尽相同，但这似乎并不影响大家对华为文化各美其美和感到自豪。为了梳理华为文化的真正内涵，统一华为人对企业文化的认知，华为邀请了黄卫伟、包政、吴春波、彭剑锋等中国人民大学的教授，对华为文化进行了系统梳理，组织华为公司自下而上、再自上而下地无数次讨论，共花费 3 年时间，先后八易其稿，最后终于统一了大家的认识，于 1998 年 3 月输出了集华为文化纲要、管理纲要和思想纲要于一体的《华为基本法》。华为这一阶段的文化建设，凝聚了华为人的文化共识，统一了华为人的经营思想，激发了华为人的"主人翁心态"，为华为快速发展提供了强大的驱动力。

1998 年《华为基本法》发布之后，华为文化主要强调"多一点打工意识"。任正非在 1998 年说过："《华为基本法》颁布之日就是《华为基本法》过时之时。"果然在 2000 年左右，任正非要求员工"多一点打工意识，少一点主人翁心态"。在任正非讲出这句话之前，大多数华为人都能够以华为的事业为己任，也会对华为的发展评头论足，但"主人翁心态"近乎泛滥，导致一些刚进华为的员工下车伊始就在对公司发展指手画脚，这给华为经营管理的规范化推进带来一些混乱。这个阶段的华为公司正处在发展转型的关键时期，一方面，国内电信运营商客户的采购决策日益上移，采购权集中到省公司，甚至集团公司总部，采购行为越来越规范；另一方面，华为因为放弃小灵通解决方案，丧失了当时国内电信市场的一块"肥肉"，只能把研制的 2G 和 3G 解决方案主要销往规范性更强的国际市场。要适应这种市场规范性转变，华为人就必须进行自身的规范化、职业化转型，这也应该是任正非提出"多一点打工意识"观念的深远意义所在。这个阶段的文化建设，使华为人逐渐摆脱了粗放的工作风格，逐步成长为一支职业化队伍，为华为公司成功打造和广泛推行规范化的工具及方法奠定了坚实的基础。

华为在企业文化建设中，不仅打造了一套适合自身文化建设的思路和方法，还为引进规范化的经营工具做好了必要铺垫。如果没有这个铺垫过程，华为的管理变革很可能难以落地。以我为例，即使参与了华为文化建设，在参与 IPD 管理变革的前期，我内心还是比较抵触，因为以前工作粗放惯了，现在突然有了约束性，在很长时间里都不太适应。正因如此，任正非后来着重提出"削足适履"的主张，要求华为人对待变革要有先僵化、后优化、再固化的积极态度，防止这场管理变革的成果流产。

2019 年 10 月 23 日，方太集团再次启动 IPD 变革项目。方太董事长茅忠群在项目启动会上讲话，表示近两年大环境对行业有着巨大的改变和影响，决定开始进行大变化、大变革，现在的变革压力很大，但越早做越能出好成绩、越能发挥大作用。他认为集团的战略规划和 IPD 息息相关，方太 2003 年开始引进华为的 IPD，做过多次迭代升级，但程度还不够，需要再上台阶。在同行业中绝大多数企业营收增长停滞或下滑的情况下，方太集团 2020 年营收 120 亿元，同比增长依然达到了 10%。方太取得的经营成就可以说与从 2008 年开始的、以儒家"良知"思想为基础的企业文化建设息息相关，"良知"文化使员工愿意接受和运用先进的工具高效研制蕴含"良知"的厨电产品，以及进行其他的公司管理变革。

《孙子兵法·行军篇》中说："故令之以文，齐之以武，是谓必取。令素行以教其民，则民服；令不素行以教其民，则民不服。令素行者，与众相得也。"华为、方太等企业文化的建设，为经营工具的创造、改进和推广起到了积极的铺垫作用，为员工内心松了土，有效减少了员工的内心抵触，统一了员工的思想认识。

华为人力资源管理变革打造的利益分配法则，有利于持续激发员工意志的驱动力。

随着公司的快速发展，华为人力资源管理变革一直在进行，令我印象深刻的有三次，其中前两次我亲身经历过。

华为1997年开始启动第一次人力资源管理变革，这是在华为企业文化建设即将完成、《华为基本法》逐步得到大多数华为人认同的情况下展开的，目的是进一步保护和提升华为人的工作热情和奋斗意志。当时华为引进的变革咨询公司是美国合益集团，变革内容包括职位体系、薪酬体系、任职资格体系、绩效评定体系及相应能力素质模型。这次变革给华为人带来的最明显的感受是，业绩评定的方法、工具甚至规则都发生了变化。譬如，变革之前，华为的绩效评定只有A、B两档，80%的员工都可以获得绩效A，只有20%的员工会获得绩效B，其背后的道理是，相信大多数人是努力的、优秀的，只有少数人是怠惰的、需要提升的。引进美国合益集团辅导的变革之后，绩效等级变为A、B、C、D四个等级，对应人数比例分别为15%、25%、55%、5%。变化看似不大，其实体现了较大的规范化转变。身处其中，我本人最直观的感受是绩效等级更多了，评定规则更规范了，评定方法更复杂了，绩效承诺书等工具更完善了。

华为2006年开始启动第二次人力资源管理变革，我作为全球产品行销体系的代表，参与了这次变革。这次变革的目标是"以岗定级、以级定薪、人岗匹配、易岗易薪"，希望由岗位决定薪酬，最终目的还是保护和增强大多数华为人的工作热情及奋斗意志。虽然这次变革的易岗易薪等目标并没有贯彻到位，但与其他公司相比，华为的利益分配还是相对公平和科学的。

2018年发布的《华为人力资源管理纲要2.0》阐述了华为第三次人力资源管理变革的重点内容，是在华为前30年人力资源管理经验的基础上，归纳出的价值创造、价值评价和价值分配的价值管理循环，使人力资源管理与公司业绩创造取得了很好的打通效果，体现了"以客户为中心，以奋斗者为本"这个核心价值观，并从理论上提高了人力资源管理的层次，从实效上进一步激发了员工的工作热情和奋斗意志。

任正非说："钱分好了，管理的一大半问题就解决了。"价值创造、价值评价和价值分配的闭环价值管理体系，较好地解决了华为利益分配的相对公平性问题，也输出了一套不断演进的利益分配工具，持续保护和激发了员工的意志驱动力，有效支撑了华为的经营管理变革。

华为业务流程变革，围绕着战略、市场、产品、财经等业务有序展开，打造了一系列工具方法，保障了华为公司的高效发展。

华为的业务流程变革持续时间最长，是华为管理变革的重头戏，涉及公司各个业务体系，包括研发体系、供应链体系、财经体系、市场体系、战略体系等多个方面。当华为的文化建设、人力资源变革推进到一定程度的时候，华为内部规范化的意识和氛围逐步形成，这为规范化流程工具的创造、改进和推广奠定了坚实的基础。

华为每一次业务流程变革，都是对前一阶段业务能力提升的积极配合，以及对以往工作习惯和工具方法的继承和发展，是华为内部的凤凰涅槃、浴火重生。

以集成产品开发流程的打造为例。1998年，在IBM管理专家的辅导下，华为立足自身的开发能力和开发习惯，开始了产品开发流程的开发和构建，将华为的开发过程进行了模块化、环节化拆解，并通过逻辑性思维把这些模块和环节"串珠成链"，最终形成了体系完整的集成开发管理流程，使华为的产品开发在市场响应、技术创新、周边协同、高效管理等多个方面取得了长足进步。华为集成产品开发流程的建设，表明华为的研发能力已经进步到了不得不需要引进流程来规范研发协作的程度，否则华为的研发工作将难以形成应有的合力。

华为集成产品开发流程的建设，从1998年开始启动，到2002年左右才开始全面推广，仅打造就花费了4年多的时间。在集成产品开发流程正式实施前，华为各条产品线以花样翻新的办法，进行了不间断的观念转变松土，加上华为之前进行的文化建设和人力资源变革，人部分的产品线工才逐步理解和接受它。之所以花这么长的时间进行准备，原因还是人们的旧习惯根深蒂固，变革起来就像割身上的肉一样难受，短期内很难改变。经过千锤百炼，华为集成产品开发流程的工具、方法日臻成熟，并且逐步推广到了所有产品的研发管理上，为华为更大规模、更多种类的产品研发提供了一整套称心如意的管理工具。

当集成产品开发流程和集成业务供应流程的建设基本获得成功以后，华为接下来进行的集成财务服务流程、从战略到执行流程、从线索到现金流程等流程的建设就顺畅多了，流程化、工具化理念也成为华为经营思想的一部分，有段时间，华为内部甚至形成了"言必称流程"的风气。经营工具的系统性打造，为华为公司的高效发展提供了"利器"。

《荀子·王制》中说："春耕、夏耘、秋收、冬藏，四者不失时，故五谷不绝。"愿意投入大量资金、人力、耐心，有顺序、有节奏、有决心地推进企业管理变革，全面引进和推广流程工具，反映了任正非和华为高层顽强的变革意志，也强力促进了华为公司的高效发展。

战略牵引
善于胜利，离不开业务领先型的战略工具

对于一家企业来说，战略制定的重要性毋庸置疑。前文表述过，如果把企业当作一架飞机，企业战略就相当于飞机的机头，它反映了企业的经营方向和经营追求，引领企业的发展。战略正确与否，直接影响企业经营的成败。

华为战略制定的发展历程，是从战略意图演进到年度规划，最终实施规范化战略规划制作的渐进过程。

在我的印象中，华为在发展前期的很长一段时间里，其实并不怎么重视对公司战略的制定，最主要的原因大概是华为公司的经营主航道从来没有改变过，一直都聚焦在通信信息领域，而且涉及这个领域的大部分产品和解决方案，并不需要做太多的战略预判和选择，只需要有足够的执行力，按照惯性往前走就可以了。所以，直到2005年，华为公司年销售收入达到453亿元，产品种类变得多元和复杂，最后到了不得不借助工具才能呈现公司战略全貌的地步，才打造了战略管理方法和战略规划工具。

企业战略的制定，简单来说，就是决策企业如何发展。它包括几个重要

组成部分，首先应该选择一个方向或一个行业，接着设定在这个方向或行业中近阶段要实现的主要经营目标，然后决策好做什么、不做什么，计划好先做什么、后做什么等。从层次上来说，战略制定主要分为两个层面，一个层面是企业领导者所确定的战略意图，另一个层面是战略制定人员所制定的战略规划。

所谓战略意图，是指企业领导者依据企业发展愿景、行业发展态势，以及企业经营能力状况，给出的战略预判和战略追求。而战略规划，是指为了使领导者的战略意图变得可实施、可执行，运用科学的方法和工具，对制定战略所需的各种信息进行综合分析，输出相应的实施思路和执行计划。战略意图主要反映企业领导者内心的战略直觉和战略目标，并不依赖某种工具和方法。而战略规划却不同，随着时间的变化及经营能力的增强，需要的工具和方法会不断演进。

一家企业的战略工具方法，是在经营意志的驱动下，立足自身拥有的经营能力，量身打造的。匹配性强的战略工具，像是从自身经营能力中生长出来的，与企业自身的经营能力相比，它既不滞后，也不过于超前。

华为公司战略制定的历程，大致可分为以下三个阶段。

第一阶段，华为发展的前五年，业务模式非常简单，主要是代理电话交换机，以及进行电话交换机的简单开发，只需要企业领导者的战略意图作指导即可，并不需要细致的战略规划。

第二阶段，华为发展的第五到十五年，产品由单一的电话交换机扩展到光传输、无线接入、新业务等产品，单纯靠战略意图作指导已经很难引领公司的经营发展，华为开始引进年度规划的工具方法，以呈现和落实战略意图中的年度预判及年度追求。

第三阶段，从 2005 年开始一直到今天，随着华为产品和解决方案的进一步丰富和复杂，战略意图加年度规划式的战略规划已经难以满足经营需要，因此，华为引进了业务领先型战略规划工具，战略制定从年度规划延伸到了三年规划。

迄今为止，虽然华为公司已经发展为"航空母舰"般的全球化企业，但其战略制定也只着重规划到未来三年，因为在任正非看来，在全球经济发展日新月异的当今，能够看清未来三年的发展趋势已实属不易，稍有不慎，企业很可能活不过三年，所以没必要过于关注三年以上的战略规划。

目前华为公司的战略制定处在第三阶段，现有战略规划的工具方法是立足华为当时具备的经营能力、在 IBM 公司咨询团队的辅导下打造出来的，这个战略工具方法，包含了战略意图、战略规划和年度计划等几个方面。本节主要介绍目前华为公司正在使用的战略管理方法和战略规划工具。

现有的从战略制定到战略执行的战略管理方法，以及业务领先模型的战略规划工具，已经在华为公司的经营实践中得到证实，它们能够产生引领华为发展的行之有效的战略。

《孟子·离娄下》中说："源泉混混，不舍昼夜，盈科而后进，放乎四海。"华为战略制定的发展历程，是从战略意图演进到年度规划，最终实施规范化战略规划制作的渐进过程。

从战略制定到战略执行的管理流程，促成了华为各部门之间的充分沟通，确保华为的经营发展可预判、可控制、可调节。

从战略制定到战略执行的战略管理方法，分为四大环节，分别是战略制定、战略展开、战略执行和监控、战略评估，这是一个持续动态化的循环管理过程。战略制定环节负责输出战略规划（SP）；战略展开环节负责战略解码近三年的年度经营目标，以及近一年的年度业务规划（BP）；在战略执行和监控环节，负责组织各种资源实施年度业务计划；战略评估环节，负责评估年度经营绩效是否实现了战略解码出的年度目标，以及团队和个人的绩效完成情况，并根据评估结果修订下一阶段的战略规划。

战略管理方法每一个环节需要输出的具体内容如图 4-1 所示，在此不做详细展开。

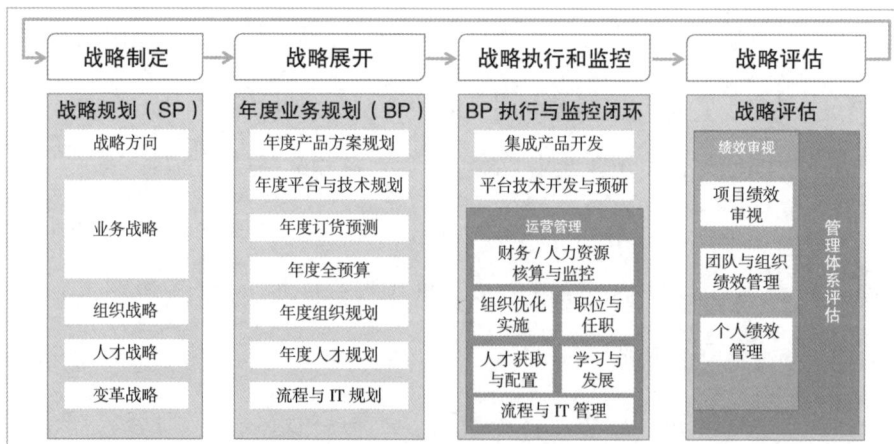

图 4-1　从战略制定到战略执行的战略管理

资料来源：华为公司公开资料

图 4-1 还暗含着把经营思想通过企业战略这条总线，在战略制定、战略展开、战略执行和监控、战略评估等各个环节"一以贯之"。这里的经营思想既包括企业对外适应和对内聚合的假设，也包括企业的人品、产品和企品，以及核心价值观。

企业规模越大，业务越复杂，战略上把经营思想"一以贯之"就越困难，也越有必要。华为公司的战略管理方法用经营思想"一以贯之"地把各个经营环节"串珠成链"，这个管理方法是华为公司在经营能力达到一定程度之后，自然而然要打造出来的，以确保华为公司的经营活动可预判、可控制、可调节。

大家用心观察图 4-1 中各环节的具体内容不难发现，它们只是战略管理过程中必须输出的结果，并没有反映这些结果是如何生成的。要了解战略管理各环节的结果是如何生成的，要参看图 4-2 所示的业务领先模型（BLM）。

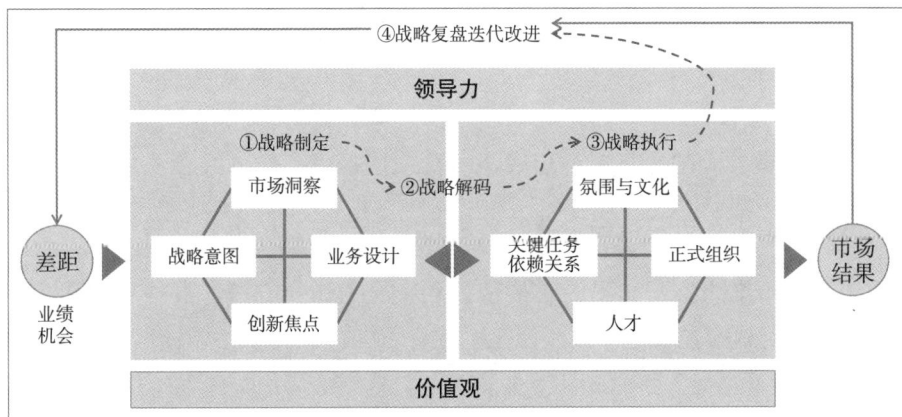

图 4-2　业务领先模型

资料来源：华为公司公开资料

松下幸之助有句名言："企业管理过去是沟通，现在是沟通，未来还是沟通。"华为战略管理的过程，其实也是各部门之间充分沟通的过程，缺乏管理的战略是难有作为的战略，从战略制定到战略执行的战略管理流程，确保华为战略的演进和有效落实，确保华为的经营发展可预判、可控制、可调节。

打造和推广 BLM 战略规划工具，反映了华为对业务全球领先的追求，使华为的战略意图更加可操作、可实施。

BLM 模型原本是 IBM 公司集成美世咨询公司的 VDBD（Value Driven Business Design，价值驱动业务设计）的战略模型（图4-2 左半边的战略制定）以及纳德尔图斯曼（Nadle-Tushman）的组织变革模型（图4-2 右半边的战略执行）所形成的，IBM 据此辅导华为结合自身的经营能力和经营需要，对这个模型进行改造，进一步形成了满足华为经营需要的业务领先模型。

需要特别强调的是，华为的 BLM 模型除了强调战略意图、市场洞察、创新焦点、业务设计等战略制定，以及关键任务、正式组织、人才、氛围与文化等战略执行的模块之间的关系，还非常重视贯穿这个模型始终的领导力和价值观。

该模型揭示了在战略制定和战略执行的过程中，作为经营意志和经营思想内核的价值观，以及代表企业经营能力的领导力，是企业战略管理的主要支撑力量。不难想象，如果没有价值观和领导力作为支撑，战略制定和战略执行的效果必将大打折扣，战略管理变革也很可能落得个虎头蛇尾的下场。

接下来，我将以当时参与华为全球业务与软件产品线（简称业软产品）的战略制定为例，阐述华为是如何运用 BLM 模型制定产品战略的。

第一，业软战略团队在经营意志的驱动下，会找出业软产品前一年战略实施的"差距"，包括收入差距、产品差距、技术差距、服务差距等，评估以往设定的业软产品战略目标的完成情况，这种找"差距"的过程，也叫战略回顾过程。

第二，华为高层会根据这些业软产品的战略"差距"，提出对业软产品的战略意图，譬如要在3年内从一个本土型业务变成国际型业务，销售收入从50亿元提升到200亿元等。

第三，业软战略团队对市场态势进行分析和洞察，包括价值转移趋势、竞争态势等。其中价值转移趋势分析包括宏观环境与价值转移趋势，市场及市场细分选择，客户需求及偏好，技术趋势等分析，最后总结出会对业软产品产生重大影响的主要机会及潜在威胁。

第四，业软战略团队对竞争态势进行分析，包括竞争格局分析、主要对手近几年业绩分析、本产品线近几年业绩分析等，最终将总结出对业软产品产生重大影响的主要优势与主要劣势。

第五，业软战略团队结合前面分析出的机会及威胁、优势与劣势，以及新增长机会，进行业务创新、选择和组合，最终输出战略规划，具体内容包括客户与市场战略（客户选择即战略方向）、产品组合与业务模式战略（价值获取即业务战略）、竞争战略（战略控制）、功能支撑战略（研制范围界定）、组织战略、变革战略等，描述业软产品的整体战略假设和关键措施。

第六，业软战略团队把业软产品的整体战略假设分解成战略里程碑、财务预测、投资及资源配置等，并把它们作为战略落地的指标参数和关键事件，引领业软产品的市场销售和产品研制。

第七，业软战略团队为分解出的近一年的指标参数和关键事件制订相应的落实计划，计划包括关键任务、正式组织、人才、氛围与文化等任务落实所需的责任主体、具体措施、资源和完成时间。

第八，需要特别指出的是，对于筛选出的新增长机会，即主要的战略增长点，优先配置资源进行实施。正如任正非所说："我们坚持'压强原则'，在成功关键因素和选定的战略生长点上，以超过主要竞争对手的强度配置资源，要么不做，要做就极大地集中人力、物力和财力，实现重点突破。"

《论语·卫灵公篇》中说："当仁不让于师。"华为打造和推广业务领先模型，反映了华为对业务全球领先的追求，它可以把领导者的战略意图实实在在地落实到具体的经营活动中，也可以为领导者战略意图的形成提供参考信息。

战略工具没有优劣之分，只有适合与否，实践证明 DSTE 方法和 BLM模型产生的战略规划，能够卓有成效地引领华为发展。

战略工具没有优劣之分，只有适合与否。实践证明，从 2005 年开始，战略规划工具 BLM 和战略管理方法 DSTE 等，对华为的战略预判、战略决断和战略修订，尤其是对新产品的战略投入决策，起到了很大的支撑作用。但也有例外，它们对一些华为增值业务的预判和决断，与 2005 年之前相比，成功率似乎不尽如人意。这也说明，这套战略工具并非放之四海而皆准，它的适用范围也是有限的。

有必要强调的是，华为之所以要打造和推广 BLM 模型，可以在任正非说过的"华为在业务经营方面要敢于胜利、善于胜利"、孟晚舟说过的"除了胜利，我们别无选择"等华为高层的言语中发现端倪。在 2005 年前后，华为下决心为攻入无人地带进行长期奋斗，在一些产品领域，要逐步改变跟随者的角色，超越国际一流对手，成为行业领先者。

BLM 模型和 DSTE 方法是华为公司根据自身经营能力打造的，实践证明，它们适用于华为的大部分产品和业务，对于那些准备长期进行产品创新和规模成长的企业来说，它们也具备一定的借鉴意义，但要想妥善使用，各企业还是要根据自身的经营能力，对它们进行适度裁剪或修订。

管理学者詹姆斯·柯林斯曾说："将合适的人请上车，不合适的人请下车。"战略工具也是这样，没有优劣之分，只有适合与否。华为公司的经营实践检验了 DSTE 方法和 BLM 模型产生的战略规划十分适合引领华为的经营发展。

销售运作

聚合力量，需要从线索到现金的全程管理

前文提到，如果把华为比作一架飞机，企业战略就好比这架飞机的机头，对战略进行解码，解码出的核心经营指标，主要由市场销售与产品研制两个部门承接，它们就像华为这架飞机的机翼。

市场销售与产品研制是员工人数最多的两个部门，占华为公司总人数的80%以上，这使华为的组织架构像一个哑铃，两头大、中间小。在2000年之前，华为经常称自己的组织为哑铃型结构。

"赤手空拳"的华为，之所以可以无死角地响应客户的各种必要需求，是因为其一直认为真诚可以打动客户。

华为公司的市场销售部门，承接的核心经营指标主要包括销售额、回款额、市场占有率等。检验华为市场销售工作成效最重要的标准是客户是否愿意持续给予华为订单、销售收入能否不断增长、经营指标能否超额完成。

要实现企业销售收入的增长，就需要企业经营意志奋力驱动企业经营思想的改进和经营能力的提升，尤其是要提升市场销售能力。前文已经描述过，

一件事情要想取得成功，不仅需要足够的能力，还需要与能力相匹配的工具和方法。市场销售收入增长目标的实现，离不开得心应手的市场销售工具。

华为公司的发展，走的是贸、工、技路线。在初创时期，整个公司相当于一个市场销售部，包括老板任正非在内的大多数员工都是销售员，公司的销售能力几乎等于公司的经营能力。跟当时大部分企业类似，华为的销售能力也是"简单粗暴"型，拼的就是脑勤、手勤、腿勤，过人之处就是比其他企业服务得更勤快、响应得更及时。

到了 20 世纪 90 年代中后期，华为市场销售养成的勤快、及时的特点，依然是竞争力的主要组成部分。那段时期，对于客户提出的通信设备故障现场修复要求，外企承诺的响应时间大多是两周左右，而华为公司一般在两三天内就能到位。我当时在华为新业务产品行销部门工作，因为业务时常更新，设备出现故障的频率自然比其他业务要大，但客户一旦提出解决网上故障的要求，如果判断需要技术人员到现场修复，新业务产品服务工程师往往在第二天就能到达现场。对于那时华为的其他产品部门来说，因为产品相对稳定和成熟，售后响应客户技术服务需求的及时性更不在话下。

快于对手响应客户技术服务需求，在 2000 年之前的大部分时间里，是华为市场销售的重要竞争能力之一，市场销售的勤快、及时更多地体现在售前响应客户业务需求上——那时的华为几乎无死角地响应客户工作与生活中提出的各种必要需求。就是在这种"简单粗暴"的销售发展过程中，华为市场销售人员靠着一股子拼劲儿，在市场上攻城拔寨，在业内被戏称为"土狼"。

史玉柱有一句名言："营销是没有专家的，唯一的专家是消费者，就是你只要能打动消费者就行了。"那时华为市场销售采用的工具和方法，虽然乏善可陈，基本属于"赤手空拳"打天下，但其优势在于可以无死角地及时响应客户的各种必要需求，以真诚打动客户。

配置销售策划工具后，华为才实现了第一次突围。

华为公司发展到 1997 年，年营销收入已经接近 30 亿元，参与大颗粒度的、复杂的销售项目的机会越来越多，但大项目的成功率一度难以提高，主要原因之一是缺乏合适的销售工具，在运作大项目的时候，不能有效整合公司各部门的资源，难以在项目竞争中形成综合优势。

在交过不少学费之后，华为意识到了问题的严重性。从 1998 年开始，华为邀请专业的市场销售咨询公司，培训市场销售骨干，提升销售项目的策划和运作能力。

当时华为直接参与市场销售项目运作的，主要是客户经理和产品经理这两类人员，我当时是产品经理，作为部门骨干，被选中参加了第一期销售项目策划和运作培训班，记得当时班上的学员不到 30 人，在华侨城的中旅学院封闭培训。培训班给每位学员配备了一位公司副总裁担任导师，辅导和督促学员真学实干。我的导师是当时公司的高级副总裁。

在培训期间，公司总裁任正非多次到班上给我们讲话。我还记得任正非当时强调，掌握销售项目的策划工具和运作方法，就是要在项目运作时，组织项目组成员有序地为项目做贡献，而不是像之前那样，大家都做"布朗运动"，白白耗散了资源。谈到"布朗运动"的时候，他还特意问大家什么是"布朗运动"，当时没有人主动回答，因为大家不清楚任正非这一问背后是否还有其他深意。我那时正好坐在培训教室的第一排，任正非指着我，让我站起来回答这个问题。我按照印象中"布朗运动"的概念回答之后，任正非调侃道："看来你们还是知道'布朗运动'的嘛，我还以为你们连高中都没上过呢。"

项目策划培训班教给我们一套项目策划工具，大概包括信息收集、项目立项、客户分析、竞争分析、自我分析、SWOT策略制定、措施制定、任务分工等几个方面，通过这套工具，市场销售项目的各个环节被完备地纳入，可以避免人为的疏忽和遗漏导致整个项目的失败。后来我将这套工具运用得相当顺手，在项目运作中屡屡奏效，直到现在我还会时常使用它。

在华为引进销售项目策划工具的那段时期，任正非十分重视客户经理和产品经理这两个角色的搭配，他把负责客户公关的客户经理与负责产品推广并主要承担项目策划责任的产品经理组合。这次演进，是华为市场部转型为正规军的里程碑，也算是华为市场部的第一次突围。

接受了销售项目策划工具培训之后，我记得用它进行实战的首个销售项目是福建电信客户的一个多媒体项目。接到部门安排的项目任务之后，我出差到华为福州办事处，在办事处领导的安排下，与客户经理配合，很快就掌握了这个项目的第一手信息，包括客户需求信息及竞争对手表现，然后用销售项目策划工具进行策划。我对这套工具的理解和运用没有任何障碍，很快就按照工具提供的方法组建好了项目团队，完成了项目策划报告，并把策划报告及时发给了我的导师，导师也及时给予了策略指导和资源协调，在项目进行到关键时刻，还特意到福建来支持项目组的工作。

项目策划工具的运用，使福建电信这个多媒体项目的整体运作有效打破了华为内部不同部门之间的壁垒，及时汇集了项目的各种信息，调动了包括公司高管在内的必要资源，最后取得了成功。以往我参与的项目运作与这次不可同日而语。运用项目策划工具所打的第一仗，就让我尝到了甜头。

《论语·卫灵公》中说："工欲善其事，必先利其器。"配置销售策划工具后，华为的大项目成功率有明显提升，销售团队开始适应大兵团作战方式，华为实现了第一次突围。

从线索到现金流程这一销售管理工具的实施，支撑华为实现了第二次突围，"铁三角组合"开始驰骋国际市场。

到了 2005 年以后，华为海外销售收入开始超过国内，项目运作复杂化、全球化程度更高。另外，随着华为公司移动通信解决方案、光传输解决方案等涉及室外交付的业务不断增长，工程交付场地从原来的室内机房开始扩展到荒郊野地。在这个过程中，客户对华为服务的要求也在悄悄发生变化。譬如，有一次在苏丹竞标 3G 解决方案的时候，由于 3G 基站安装在户外，苏丹特殊的地理和气候环境，对 3G 基站的供电设备及其安装有着特殊要求。在投标前，华为组建销售项目组，按照惯例，只安排了客户经理和产品经理参加，没有邀请工程经理，这使华为的应标书上缺乏对当地工程安装所需的特殊地理环境的针对性响应，最后导致竞标失败。吃一堑长一智，华为从这个项目中吸取教训，从此以后，大部分销售项目在组建时会把负责售后服务的工程经理纳入项目组，形成客户经理、产品经理和工程经理三位一体的"铁三角组合"。

在华为形成"铁三角组合"的同时，为了提升对市场部项目运作端到端的管理能力，在前期销售项目策划工具的基础上，华为请 IBM 公司打造了一个从线索到现金流程的销售项目管理流程工具（见图 4-3），对销售项目策划、铁三角配合等经验和办法进行了整合与提升。

从线索到现金流程工具主要由三大环节组成，即管理线索、管理机会点和管理合同执行。

其中管理线索包括收集和生成线索、验证和分发线索、跟踪和培育线索，主要是确保项目在萌芽状态就能够使项目组及时给予应有的关注和介入。管理机会点包括验证机会点、标前引导、定制并提交标书、谈判并生成合同等。管理线索和管理机会点合在一起，其实就是华为之前的销售项目策划和运作，采用的主要还是原来那套销售项目策划工具，只不过做了一些优化和升级。这两个阶段的运作目的都是高质量地进行项目的售前策划和运作，确保项目中标成功率。

管理合同执行包括管理合同 /PO（订单）接收和确认、管理交付、管理开票和回款、管理合同 /PO 变更、管理风险和争议，以及关闭和评价合同等，目的是对销售项目进行后端管理，打破销售前端与后端之间的部门壁垒，确保每个环节都有完整的数据和记录，保证项目运作的完整性和可追溯性。

彼得·德鲁克说："使工作富有效率的最后一步工作，是为工作提供适当的工具。"从客户经理和产品经理组合演进到"铁三角组合"，再到销售项目管理流程工具的配备，是华为市场部从正规军转变为现代化军队的里程碑，也是华为市场部的第二次突围。

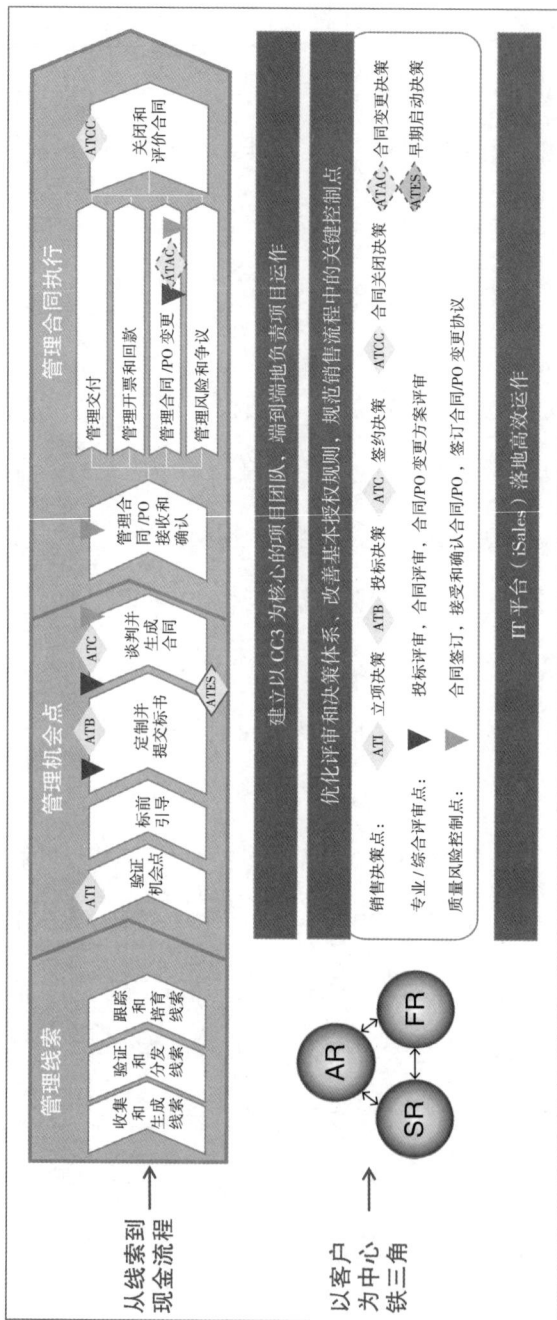

图 4-3 从线索到现金流程

注 1: 按内控要求的关键控制点（即 KCP）包括上述的销售决策点、专业 / 综合评审点和质量风险控制点。

注 2: ATES 为下一阶段推行内容

资料来源: 华为公司公开资料

近两年，华为公司年销售收入逼近 9000 亿元，其中大部分销售项目的运作和管理由从线索到现金流程这个工具支撑，它保证了市场销售项目运作的成功率。

如果缺少销售项目策划与销售项目管理流程这样得心应手的工具和方法，那么即使华为的市场营销能力再强、经营思想再深入人心，也很难像今天这样，市场部各业务部门之间，以及市场部与其他部门之间紧密协作、合力共进，不断赢得大规模的销售项目，确保每年都能取得令人瞩目的经营成就。

产品研发
推倒部门墙，有机集成公司产品开发资源

企业经营中的市场销售和产品研发，类似飞机的两翼。华为市场销售的能力和工具，保证了华为年销售收入达到近 9000 亿元，自然而然，与之对称的另一翼——产品研发的能力和工具，也应足够强大，否则华为这架飞机就难以平衡，华为也就不可能飞到目前这个高度。

经营哲学不能只是悬空漫谈，更要看到它对产品研发起到的实实在在的作用。

华为公司的产品研发对企业经营的重要性，是在华为贸、工、技的发展历程中逐渐凸显的。尤其到了今天，华为产品研发中的技术研发，已经从前期的以应用技术研发为主升级到了应用技术与基础技术研发并重。单就获得的技术专利来说，到 2019 年年底，其世界级专利数累计达到了 85 000 个，无论从数量还是从质量来看，都稳居全球通信信息行业执牛耳的地位。华为产品技术研发突飞猛进，令华为的产品、设备和解决方案都处于全球领先地位，这为华为的市场销售赋予了强大的竞争力。

入职华为之后，我主要从事产品行销工作，这个工作的性质像一根扁担，

一头担着产品研发，一头担着市场销售，需要在二者之间起到沟通、联络的作用。具体来说，这个工作要代表所在的产品线，把触角伸向客户，要对产品线的销售收入负责；同时还要把触角伸向研发工作，及时为研发提供市场反馈。工作性质决定我需要经常与产品研发部门打交道，并参与产品研制涉及的市场需求、业务创新、技术方向、功能设计、规格特性等有关主题的分析讨论会。这也使我认识到产品的研制思想、研制能力及研制工具，在一个真正的高科技公司的经营发展中理应且必须起到至关重要的作用。

一次，王育琨老师在向任正非谈及稻盛和夫的经营哲学时，任正非打断了他的话："王老师，你不了解稻盛和夫！你说'一个制作精密陶瓷的'，太过轻轻率！稻盛做的精密陶瓷，是氮化镓，是电子陶瓷等功能陶瓷、精密医疗器械和电子网络的核心部件，这些部件以后会大量使用陶瓷，而全球陶瓷京瓷做得最好。京瓷已在引领一场实实在在的新材料革命，将极大地推动通信业和互联网的发展。他们几十年如一日地精进，做到了全球第一，我们只有追随的份。"

任正非不是为了否定王育琨对稻盛和夫经营哲学的认知，而是为了强调，对于稻盛和夫经营哲学，人们不能只是悬空漫谈，而要看到它对京瓷公司功能陶瓷研制所起到的实实在在的作用，以及在它的指导下，京瓷在产品技术研制方面几十年如一日地精进，并取得的全球领先成就。早在20世纪90年代，任正非就在华为公司内部极力倡导过类似务实的观念，譬如"板凳要坐十年冷""空谈误国，实干兴邦"等。

正如蛇口街头标语牌所写的："空谈误国，实干兴邦。"同样，经营哲学也不能只是悬空漫谈，而要看到它对企业经营，譬如产品研制所起的实实在在的指导作用。在经营意志的驱动下，经营思想能指导经营能力的提高和经营工具的改进，同样，产品研制思想也会要求企业打造与自身研制能力相适应的研制工具。

华为研发，从"小米加步枪"逐步发展到"面包加导弹"，拥有了全球最先进的产品研发管理工具。

华为公司最初销售的是代理产品，不存在产品研制的问题，直到 1990 年，华为开始自己研制产品。当时研制的产品比较单一，主要是电话交换机，从步进制交换机到程控交换机都研制过。那时的产品研制管理相对简单，几个研发人员，翻一翻邮电部颁布的交换机技术手册，拿着手头的示波器、印刷版、烙铁等简单工具，就开始动手研制产品，根本没有系统化的管理工具和方法，研发装备只能算"小米加步枪"。好在当时电话交换机行情特别好，产品供不应求，只要能够满足设备功能，哪怕稳定性差一点，也不愁找不到销路。

1992 年前后，华为投入了大量财力、人力研发程控交换机，但因为几个技术难题一直无法突破，导致公司在一段时间内没有产品可供应，眼看公司资金链就要断裂，那时任正非几乎做了最坏的打算，好在最后关头总算解决了难题，终于把产品研制出来了。当时市场一线急等着公司产品发货，公司总部也在"等米下锅"，等着销售回款给员工发工资。据说那个阶段华为供应的产品，没有经过严格的稳定性测试，就已经大规模发货了。这批救公司于水火的产品，在实际运行中的确存在不少问题，设备故障频出，好在华为缓过这口气之后，从容地将问题都处理好了。

随着华为公司自主研制产品家族成员的增加，以及长线产品数量的增多，原来粗放型产品研制管理办法开始捉襟见肘，拖了华为产品研制能力的后腿。为此，华为下定决心向世界最优秀的企业学习产品研发管理，于是选择了IBM公司管理咨询团队作为华为产品研制管理变革的顾问，辅导华为研发体系打造集成产品开发管理流程。这也是华为公司引进的第一个业务管理流程变革项目。

从1998年开始，一直到2002年，经过长达4年的打造和试行，集成产品开发管理流程正式在华为各条产品线全面推广实施。之所以花费这么长的时间试行，除了流程本身需要进行反复修订、完善，还有一个难关阻碍了流程的尽早推出，那就是员工内心的不适应，甚至是抵触情绪。

前文讲到，华为前期的产品研制基本没有什么规范性管理方法，"野"惯了，多数员工对IBM这套IPD流程管理工具不适应。为此，任正非在华为内部各种场合反复强调IPD的重要性，公司变革小组也组织各种活动来对IPD的推广实施进行思想松土。

为了确保IPD流程的顺利推行，任正非还明确提出了"削足适履""先僵化、后优化、再固化"等看似反常的指导原则，强调这是为了更好地落实"以客户为中心"的核心价值观，是了给客户提供技术先进、业务契合、性能优越的产品和解决方案。他同时还强调，对适应不了IPD流程管理变革的人，要作调岗或下岗处理。

从华为公司这次投入的咨询费用之多和辅导时间之长可以看出任正非引进IPD流程的决心之大、意志之坚定，以及对IPD流程带来的研制效率提升所寄予的期待之高。

《荀子·劝学》中说："假舆马者，非利足也，而致千里。"IPD 流程的打造和运用，使华为的研发工具一下子从"小米加步枪"跃升到了"面包加导弹"的层次，拥有了全球最先进的产品研发管理工具，华为的产品研发效率得到进一步提升。

IPD 流程工具是在华为研发能力达到较高程度之后，水到渠成地打造出来的，有利于推倒部门墙，促进协同、提高效率。

IPD 产品研发管理流程蕴含不少实用的产品研制思想。譬如，IPD 便于对产品研制进行投资决策，在研制过程中通过设置投资评估点，评估和决策产品研制是继续、暂停还是终止；IPD 有利于推倒部门墙，促成不同研制部门的有效协同工作，组织跨部门研发团队协同完成产品研制工作；IPD 可以保证产品研制有效兼顾市场需求和技术发展，保障做正确的产品和正确地做产品；IPD 能够支持不少研发工作并行开展，通过设计好研制计划、标准接口等，提前开展 IPD 流程中逻辑上靠后的任务，缩短产品研制时间，等等。

如图 4-4 所示，IPD 流程工具把产品研制工作分成了 3 个层面。

第一个层面是产品规划，由产品管理团队（PMT）负责实施，向上承接公司层面的集成产品管理团队（IPMT）的指导，同时对产品战略、市场信息、客户反馈、竞争信息、技术趋势、产品组合等信息进行综合梳理，制定满足主流市场需求的产品策略、业务组合、研制要求等，并对市场需求进行动态跟踪。

第二个层面是产品开发，由产品开发团队（PDT）负责实施，以第一个层面输出的策略和计划为依据，确定产品概念和研制计划，并按照计划进行

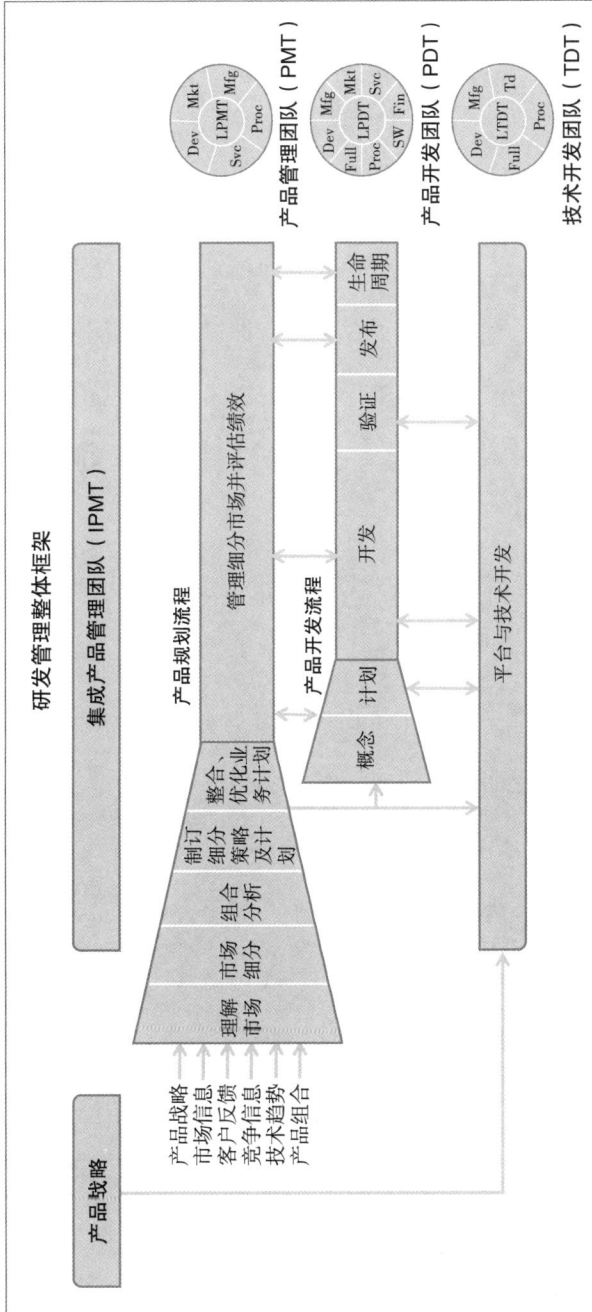

图 4-4 集成产品开发管理流程（IPD 流程工具）

资料来源：华为公司公开资料

产品开发、测试验证、产品发布，并对产品生命周期进行管理。

第三个层面是技术开发，由技术开发团队（TDT）负责实施，对产品研制中需要的技术进行开发，选用公司内部或购买公司外部的技术。

IPD 流程工具在华为公司全面推广的时候，我已经离开具体的产品行销部门，去了运营商解决方案部、全球案例与培训部等职能部门工作。当我再次回到产品行销部的时候，担任了业务与软件产品行销部副总，具体分管后付费业务系统 BOSS 的产品行销工作。在分管 BOSS 产品的时候，我获得了 IPD 流程赋予的参与和决策的机会，这对我深刻理解 IPD 流程的价值发挥了很大的作用。

IPD 流程工具是在华为产品研制思想和产品研发能力达到较高程度之后，水到渠成地打造出来的工具。这个工具与华为的研发能力相得益彰，客观上把华为产品研发管理能力提升到了世界一流水平。IPD 流程的全面推广，使华为各条产品线的产品研制，在市场需求满足、产品技术创新等方面都获得了较大改善，也为华为公司其他流程的打造和推广积累了宝贵经验。

华为打造的 IPD 流程工具，作为一个产品研发管理工具，经受住了大量的实战检验，现在被越来越多的企业所青睐，这几年已经有不少企业开始聘请具有华为 IPD 实操经验的专家做咨询，辅导自己公司的 IPD 流程打造实践。

任正非说："别让企业管理水平超越经营水平！" IPD 流程管理工具，是在华为经营能力中的研发能力达到较高水平之后，自然而然地牵引和打造出来的工具，有利于推倒部门墙，促进协同，提高效率，使华为研制的产品更快速、更优质、更先进、更适销。

人力驱动

激发能动性，价值创造管理循环为华为加油

前文把公司类比为一架飞机，把人力资源比喻为飞机的发动机，给企业的经营活动提供驱动力。不难理解，从根本上来说，企业的经营意志其实就是企业的集体意志，是企业领导者和全体人员意志的总和。经营意志产生的驱动力，要通过企业中的人力资源才能得以发挥，经营意志与人力资源结合，就形成了驱动企业发展的发动机。

法规管束与文化教化并重，能实现华为的"熵减"，激发华为人的主观能动性，延长企业的生命周期。

企业人力资源管理的主要任务是尽可能地统一企业员工的集体意志，使员工能够众志成城、齐心协力，形成推动企业向前发展的强大驱动力。从西方哲学的观点来看，每个人的意志都是自由的，可以自由地选择做什么、不做什么，因此，要统一一群人的意志，不是一件容易的事情。

统一集体意志的办法，通常分为两种，一种是"法规管束"，另一种是"文化教化"。这两种办法经常交织使用，不同的组织，因为观念不同，使用

这两种办法的比例和程度会有所差别。

我以前读春秋战国历史的时候，对秦国为何能够一扫六国做过一些思考，认为主要是秦国接受了法家治国思想，在统一秦国民众意志时，主要采用了法规管束的办法，追求信赏必罚。相比其他六国的法规管束，秦国显然更加严苛。秦国通过严刑峻法、威逼利诱的方式使民众慑服、就范，不敢越雷池一步，因此秦国的国家动员能力才如此强悍，民众更热衷于公战，社会秩序井然。

至于为什么法规管束的办法在混乱的战国时代，能够让社会更加秩序井然，我当时并没有深入思考。直到 2017 年 9 月，我读到了任正非签发的华为总裁办电子邮件"电邮其他【2017】003 号文件"，文中通过对热力学第二定律中的"熵增"和"熵减"的解读，阐述治理人性中的怠惰，以提升员工主观能动性的思路。这些观点再一次让人们见识到任正非迥异的哲学思维，也让我对秦国用法家的方略治国有了更深刻的理解。

根据任正非的观点，物理学中的热力学第二定律，即熵增定律，说明封闭系统的熵是一直增加的，也就是说，无效的能量一直在增加，如果不从外部增加有效的能量，能量就无法做功，最终系统就会陷入熵死状态。任正非还认为，热力学第二定律说明自然界不可能将低温自动地传导到高温，必须施加动力才能完成这种逆转。人也是如此，会在富裕以后从勤快、协作演变为怠惰、散漫，但这种自发的演变趋势并不是不可逆的，通过施加外部力量，"熵减"是可以实现的，也就是可以使人重新处于凝聚和奋发状态。

如果用以上任正非解读"熵"的思路，来分析秦孝公任用客卿商鞅进行变法的历史，我们就不难发现，商鞅这个外来的客卿，用源自秦国之外的

"严刑峻法""信赏必罚"等法规管束的办法来治理秦国，打破了秦国贵族富裕舒适的状态，纠正了秦国民众的散漫习惯，使正在滑向怠惰的秦国，因为变法产生"熵减"而得以及时刹车。换句话说，秦国引进外来客卿商鞅，以严刑峻法治国，相当于从外部引进有效能量来对秦国做功，打破了秦国相对独立、封闭的治理状态，促成了秦国治理系统的"熵减"，统一了秦国民众的意志，使秦国从此走上一统天下的道路。显然，秦国采取的"熵减"办法，主要是"法规管束"。

华为公司理解了"熵增"定律，找到了人滑向舒适区的根本原因。为了避免员工沉溺于舒适区，华为坚持"以客户为中心"，从外部引入服务客户的市场压力，对公司内部做功。同时，类似秦国引进商鞅，华为从外部引进辅导变革的咨询专家，持续产生管理变革的压力，并结合"多劳多得"的价值分配机制，对内部有效做功。正如《华为基本法》第二十条所表达的："我们遵循价值规律，坚持实事求是，在公司内部引入外部市场压力和公平竞争机制，建立公正客观的价值评价体系并不断改进，以使价值分配制度基本合理。衡量价值分配合理性的最终标准，是公司的竞争力和成就，以及全体员工的士气和对公司的归属意识。"华为通过引入外部力量，驱使自己团队进行"熵减"，使团队意志得以统一和提升，止住员工滑向怠惰，属于"法规管束"的方法。

另外，华为也注意到了主观能动性对"熵减"产生的积极作用，坚持"以奋斗者为本"，以义利结合的"文化教化"方法，对公司内部大多数奋斗者实施普惠式的关切，激发大多数员工的主观能动性，防止公司内的消极怨恨情绪蔓延。

华为公司 2018 年发布的《华为人力资源管理纲要 2.0》分为总结过去和展望未来两大部分，其核心内容正体现了"熵减"思路，既体现了"法规管束"，也蕴含了"文化教化"。

《荀子·富国》中说："不教而诛，则刑繁而邪不胜；教而不诛，则奸民不惩。"虽然都是要实现群体的"熵减"，都是为了统一人群的集体意志，但华为与秦国侧重的"不教而诛"有所不同，华为采用了"文化教化"与"法规管束"相结合的方法，"教"与"诛"兼用，目的是避免重蹈秦国"二世而亡"的覆辙。

总结过去，价值创造、价值评价、价值分配的管理体系保证了华为的外部驱动和内部激励，有效实现了华为这个组织的"熵减"。

《华为人力资源管理纲要 2.0》第一部分总结了华为的过去。

首先，肯定了华为取得的巨大成就。华为从创立起到 2018 年，在 30 多年的发展历程中，基于正确的洞察与假设，形成了正确的经营思想和路线，在价值创造方面取得了丰硕成果，成长为全球通信信息行业的领头人。

其次，肯定了人力资源管理是华为过去成功的关键驱动因素；明确了劳动是公司价值创造的主体，激发了劳动者个体活力，构建了良好的组织秩序；肯定了构筑公司核心价值观、自我批判机制、价值创造管理循环体系的积极作用；产生了物质文明和精神文明的双驱动力，打造了干部、人才、组织三位一体的管理体系。总体上强调了价值创造管理体系在人力资源管理过程中发挥的积极作用，促成了华为人的"熵减"。

最后，列举了人力资源管理存在的问题，主要包括价值观日趋淡化，考核与激励过于短期化与精细化，部分干部缺乏使命感及求真务实的工作作风，员工队伍流动板结，结构管理不平衡，组织过程管控过度厚重，责权分配过于复杂，资源投入未能体现业务发展实质，等等。总体上说明在价值创造管理体系运作过程中，华为人力资源管理存在的问题逐渐暴露。

从本质上来看，华为过去的人力资源管理，无论是成功的经验，还是存在的问题，都与价值创造、价值评价、价值分配密切相关，都是这个价值创造管理体系运作的结果。譬如，在华为的核心价值观中，"以客户为中心"对应着价值创造，"以奋斗者为本，长期艰苦奋斗"对应着价值评价、价值分配；自我批判的纠偏机制的运行，须依据价值创造管理体系，即价值创造、价值评价、价值分配闭合循环，以不断地使自我达到有效改进的目的；两种创造驱动力"精神文明"加"物质文明"，是强调价值创造管理体系的运行要"义利合一"，以使华为人的意志更加坚定、顽强；干部选拔、广纳英才和组织运行，应该立足价值创造管理体系，长期保持干部优秀、英才辈出和组织高效。

明代官箴提到："吏不畏吾严而畏吾廉，民不服吾能而服吾公。廉则吏不敢慢，公则民不敢欺。公生明，廉生威。"⊖价值创造管理体系就是力图保证对利益处理的公平与公正，它是华为公司前三十年人力资源管理的核心逻辑，也是主要的流程工具。通过这个工具，华为以创造价值的外部驱动，以及评价价值、分配价值的内部激励，成功地进行了干部选拔、人才吸引、组织塑造，最终促成华为整个组织的"熵减"。

⊖ 此三十六字官箴传为明代郭允礼所作。

展望未来，华为人力资源管理面临的新挑战，依然主要靠价值创造管理体系促成组织的持续"熵减"来积极应对。

《华为人力资源管理纲要2.0》的第二部分，展望了华为公司未来发展的变化与挑战，强调在继承中发展。

首先，关于"洞察业务发展面临的内外变化与挑战"，强调数字革命正在驱动产业的跨界与重构，导致华为外部环境的适应及内部业务的管理，都面临新的挑战。

其次，关于"公司持续创造价值的使命与管理模式"，强调公司将构建万物互联的智能世界，实现公司在多业务结构下的持续健康发展。

最后，关于"人力资源管理需要继承与发展的核心理念"，第一，强调用新的使命和抱负构建万物互联的智能世界，让组织始终充满活力；第二，强调人力资源管理的主要途径是继承和优化价值创造管理体系，即全力创造价值、正确评价价值、合理分配价值；第三，强调人力资源的要素管理与自身管理，要继续激发"两种驱动力"，即精神文明与物质文明，继续管理好"三类对象"，即干部、人才、组织，继续坚持多劳多得，坚持从成功实践中选拔干部，坚持业务决定组织。面向未来的发展，华为强调人力资源管理要继承和发展好以往积累的大部分优良经验及方法。

歌德有句名言："你若要喜爱你自己的价值，你就得给世界创造价值。"需要着重指出的是，华为强调，未来人力资源管理的主要途径，依然是价值创造、价值评价和价值分配这个价值创造管理体系。显然，华为要继续运用价值创造管理体系这个流程工具，促成华为整个组织的"熵减"，以持续提升价值创造的效率。

价值创造管理体系之所以能够保证华为人力资源管理行之有效，是因为有张个人任务承诺书（PBC）在做支撑和连接。

价值创造管理体系（见图 4-5）这个人力资源管理流程工具的具体作用，首先是引领华为人尽最大效能为公司创造价值，包括创造收入、降低成本、业务创新、提升品牌、扩展市场、积累技术等；其次，价值创造之后，能够公平地评估公司员工的业务贡献，精确量化公司员工的工作业绩，并对工作业绩进行合理评比；再次，价值评价之后，公司能以评估出来的工作业绩作为最主要的依据，进行公正的价值分配，可分配的价值包括薪酬、奖金、股票等经济收益，以及培训、升级、升职等成长机会；最后，合理、积极的价值分配，能反过来促进华为员工去价值创造。

图 4-5　人力资源管理的主要途径——价值创造管理体系

资料来源：华为公司公开资料

价值分配的公正程度会对员工价值创造产生直接影响，同等情况下，分配额度越大、公正程度越高，员工在下一阶段价值创造的积极性就会越高。

价值创造、价值评价和价值分配这个管理工具，之所以能够保证华为人力资源管理行之有效，有一个因素是不可忽略的：它背后有张个人任务承诺书，或称个人绩效评定表在做支撑和连接。如图4-6所示，以市场部干部季度任务承诺书为例展开介绍。

市场部干部季度任务承诺书（PBC）　　季度：　　　责任人：　　　直接主管：

	项目	目标	结果	分值	自评得分	最终得分
KPI	销售额			40		
	回款额			30		
	利润率			30		
	小计			100（×50%）		
关键任务	任务1			20		
	任务2			20		
	任务3			20		
	任务4			20		
	任务5			10		
	任务6			10		
	小计			100（×35%）		
团队建设	任务1			35		
	任务2			35		
	任务3			30		
	小计			100（×15%）		
	总计			100		

季度前任务沟通：　　　责任人签字　　　直接主管签字　　　签字日期
季度后绩效沟通：　　　责任人签字　　　直接主管签字　　　签字日期

图4-6　个人任务承诺书（个人绩效评定表）

资料来源：华为公司公开资料

个人任务承诺书分为年度PBC和季度PBC，季度PBC是对年度PBC的分解和承接。华为公司上至总裁，下至基础员工，每人都要签署自己岗位的PBC，PBC主要包括以下三部分内容。

第一部分是关键绩效指标（KPI），譬如对华为市场部客户线人员来说，KPI主要包括销售额、回款额、利润率等指标。

第二部分是关键任务，包括一些重要的、影响中长期KPI完成的关键事件，譬如对华为市场部客户线人员来说，主要包括空白市场突破、市场占有率提升、重要客户访问公司等。

第三部分是团队建设或学习成长，团队建设是为管理者设定的，学习成长是为员工设定的，譬如对华为市场部客户线人员来说，这部分包括学习产品知识、提升公关能力、提高人文素养等。

在华为担任主管的时候，我的上级主要通过这张PBC表格来管理我，我也主要通过这张PBC表格来管理自己的团队。

首先，在年初或季度初，根据经营的具体情况，就目标任务进行自下而上和自上而下的充分沟通，与员工基本达成共识之后，任务会下达给员工。

其次，以PBC上的目标任务为牵引，组织资源支持员工，驱动员工创造工作成果，即创造价值；期末对比员工的目标任务和工作成果，评估员工的工作绩效，即价值贡献。

最后，把员工工作绩效放到相应的集体中，进行横向评比，最终评估员工的绩效排名，并以此绩效排名为依据，进行价值分配。

《韩非子·饰邪》中说："夫悬衡而知平，设规而知圆，万全之道也。"价值创造管理体系之所以能够保证华为人力资源管理行之有效，是因为这张衡量个人价值大小的任务承诺书，起到十分关键的支撑和连接作用。

实践证明，华为坚持持续变革，不断打造和优化人力资源管理工具，有效增强了华为人的集体意志，促成了华为人的持续"熵减"，保障了华为公司秩序井然、合力共进，为华为公司的经营发展注入了强劲驱动力。

第五章

成就

意志驱动奋斗，创造经营价值

:
:

【任正非语】我们仍无怨无悔地努力攀登，也像欧、美、日、俄等国的领先公司一样，像蜡烛燃烧自己，也照亮别人。

我们是一个科技集团，更是一个商业集团，成功的标志还是在盈利的能力，没有粮食，心会发慌。

朝着希望，用尽全身力量搏击、奋斗、前进，再奋斗、再前进，嘶喊着胜利。岁月不负有心人。

资料来源：《星光不问赶路人》，华为心声社区发布总裁办电子邮件，2021 年 1 月 22 日。

经营意志驱动企业核心竞争力发挥作用，最终目的是实现经营意志设定的目标，目标的实现结果就是经营成就。经营成就包括物质收益和精神收益两个方面，对标经营意志设定的目标，收益实现得好坏会直接影响经营意志。任正非认为，企业既需要获得"燃烧自己，也照亮别人"的精神收益，又需要获得盈利、粮食等物质收益，精神和物质双丰收才能保持或增强华为人的奋斗意志。当然，除了经营目标的实现与否，经营成就的分配机制和分配结果，同样会影响企业团队的经营意志，分配得公平公正就能起到增强作用，反之则会起到削弱作用。

运用经营意志驱动经营思想、经营能力和经营工具所组成的核心竞争力，以创造理想的经营成就，并合理分配经营成就。经营成就的创造和分配，反过来会对经营意志产生影响。

本章继续以华为为例，通过"义利合一"一节，阐述经营成就中物质与精神的辩证关系，以及二者对于坚定经营意志的不可或缺性；通过"广大久远"一节，从规模与寿命这两个方面评估在企业取得的经营成就中，它们的价值孰重孰轻；通过"世界领先"一节，对前文表述过的涉及华为经营的内容做系统梳理，完整地表述任正非及华为的集体意志是如何不断驱动华为经营逻辑良性运行，以取得持续快速增长的经营成就的。

义利合一

经营目标，精神与物质两种文明相得益彰

创办或经营企业最直接的目的是要让投资者、经营者和员工赚到钱。

2021 年 1 月 22 日，在华为内部论坛心声社区发布的《星光不问赶路人》一文中，任正非很实在地说："我们是一个科技集团，更是一个商业集团，成功的标志还是在盈利的能力，没有粮食，心会发慌。"

2012 年 1 月 17 日，面对《外滩画报》的记者，小米科技董事长雷军也表述过，当初工程师来小米的时候，他讲了很长时间，他希望工程师们专心做技术，挣钱的事情交给他，他已经打拼了 20 年，绝对不会做对投资者、对员工来说都不挣钱的事情。

获取商业利益、能赚到钱，这是企业经营意志最初的目标，也是企业最终要产出的主要成就。

企业的经营意志本质上是挣扎的、奋力向上的，它驱动企业创造满意的经营成就。

企业的各发展阶段都会产出相应的经营成就，无论成败得失，这种成就

在企业生命周期中起到的作用，既是对前一阶段的总结，也是对下一阶段的启示。

经营的意志、思想、能力、工具和成就组成了企业的经营之道或经营逻辑，其中，成就是这个逻辑中的最后一个环节。不难理解，经营的成就大小或得失，反过来必然直接影响经营的意志，使经营逻辑成为一个螺旋式前进的闭合循环。

关于这个经营逻辑的闭合循环，我们可以用唐僧师徒西天取经的故事来进行类比性的解读。去西天求取真经并回大唐普度众生的志向，是唐僧师徒的取经意志；信仰佛法、团结合作、伏妖降魔、脚踏实地等取经思想，凝聚了团队；变化神通、神佛相助等取经能力，以及紧箍咒、金箍棒、九齿钉耙、白龙马等取经工具，这些构成了他们的取经实力；克服了九九八十一难，降除妖魔、取得真经，是他们的取经成就。在唐僧师徒西游的整个历程中，他们的取经意志驱动了取经实力的提升与发挥，取经实力又影响了取经成就的大小，而一路上获得的取经成就，反过来又一直影响着他们的取经意志。

我对意志与成就的关系有切身感受。20世纪90年代后期，我开始在华为从事产品行销工作，为了在部门站稳脚跟，也为了在维持正常生活所需的基础上逐步过上体面的生活，在意志的驱使下，我几乎拼尽全力去创造个人的销售业绩。那时我负责过云南、四川、福建、青海、河北、安徽等区域的多媒体产品或新业务产品项目，幸运的是，只要是我负责或参与的，竟然大多数都获得了成功，签下了合同。

相比同期其他同事，我的项目成功率可以说遥遥领先，这也是我只用了四年左右的时间就成为部门总监助理的主要原因。但每一次合同签订之时，事先憧憬的那种成功的快感或者说成就感，总是转瞬即逝，我马上又挣扎着迫使自己去创造更大、更多的业绩。当然，如果取得的成就不理想，我的意志也会动摇，会感到痛苦。

那是一种永不满足的盲目心态，以至于无意中忽略了对家人，尤其是对妻子应有的关注和照顾。时至今日，妻子偶尔还会提起这段往事并埋怨我。我了解，这似乎是华为人的普遍"遭遇"，华为人也因此经常会调侃，"华为人的家属为华为成功做出了巨大牺牲"。

《易传·象传》中说："天行健，君子以自强不息。"从根本上来说，企业的经营意志就是企业领导者和集体的意志，本质上是奋力向上的、永无止境的，它会驱动企业的经营思想日趋成熟、经营能力逐步提高、经营工具不断改进，最终目的是驱动企业不断取得满意的经营成就。

如果只有物质成就的实现，而缺乏应有的对精神成就的追求，华为也难以度过以往的生死艰难时期。

在媒体面前，任正非通常展现出的是一个企业家硬汉形象，他的经营意志似乎很顽强。但在华为公司发展前期，面临经营成就不理想、公司状况变恶劣的情况时，任正非的意志也严重动摇过，譬如1992年因研发遇到极大资金困难时想到过自杀，2002年前后因IT泡沫破裂导致销售增长严重下滑时差点全部卖掉华为，等等。好在任正非和华为都挺过了艰难的时期，意志上经受住了考验。

通常认为，企业经营成就作为经营意志追求的目标，主要希望取得利润成就，也就是物质成就。一个企业的经营意志，如果仅仅是为了实现物质成就，那就只能不断追求更大的利润。物质经营成就一旦下滑，企业意志将因此变得消沉，难以支撑企业"活下去"。

任何企业的物质成就都不可能一直线性增长，在企业整个生命周期中，碰到物质成就减少是难免的，但事实上，有不少企业领导者并没有因为物质成就减少，意志就变得消沉，相反，他们越挫越勇，譬如任正非、曹德旺等，这说明影响企业经营意志的，除了物质成就，还应该存在其他重要因素。

任正非挺过了迄今为止华为遭遇的所有艰难时期，意志上经受住了物质成就减少的考验，必然有物质成就之外的因素在对他的意志起支撑作用。就像他讲过的，如果安于做一个富家翁，他的财富早已满足这个目标了，不必再拼命去经营华为。

在第一章中，我们阐述过，中国企业在经营管理时，可以把"义"和"利"两种欲求产生的两股力量拧成麻花，保障企业获得"义"和"利"的双重驱动，以坚定企业的经营意志，驱动企业健康长久地"活下去"。根据这个观点，企业的经营意志，如果判断企业所经营的业务是符合道德、美学的，就会认为企业的经营是高尚的，即使"利"（物质成就）有所下降，因为经营意志这根麻花中"义"（精神成就）的力量还在，经营意志就不会明显消沉。

早在 1996 年，任正非就表达过，中国一定会富强起来的。每一个国家、每一个民族都有自身的优势，我们只要正确看待，向他们学习，自己的民族就一定会富强起来。[○]那个时候，是"空谈误国，实干兴邦"的精神追求坚定了任正非和华为的经营意志。很多类似的事例足以证明，的确有物质成就之外的因素在支撑任正非，这些因素就是包括"爱国"在内的精神追求。

黑格尔有句名言："理想的人物不仅要在物质需要的满足上，还要在精神旨趣的满足上得到表现。"企业也是如此，如果只有物质成就的实现，而缺乏应有的对精神成就的追求，华为是难以度过以往的艰难时期、进入现在这种相对理想的状态的。

华为能够坚定经营意志，不断地站起来去创造新成就，与中国传统文化中的"义利合一"息息相关。

现代企业虽然是从西方开始兴起，发端于西方哲学、西方宗教、西方科学的，但儒家文明地区的现代企业通过实践证明，中国文化，尤其是儒家思想，对现代企业的影响巨大。

前文提到，在云南丽江举办的"第四届慧谷家族年会"上，日本专家后藤俊夫分享，日本百年企业将近2.6万家，世界排名第一；日本企业的平均寿命为52年，世界排名第一。这其中的主要原因是"日本长寿企业的基因与中国的儒学息息相关，比如先义后利"。

复旦大学教授王德峰在《中国文化精神的时代特质》这一演讲中分析了这样一个问题：虽然当下国人接触中国传统文化较少，主要是在学习西方科学、消费西方商品的环境中成长起来的，甚至像他那样满脑子西方哲学的观

○ 引自任正非1996年发表的《赴俄参展杂记》。

点，但在实际生活中，中国人依然运用中国的人情来办事。最后他得出的结论是："第一，西方价值和中国价值不能等同；第二，今天的中国人从根本上还是中国人。"

后藤俊夫和王德峰的观点对中国企业经营者是一种提醒：中国企业的经营不能完全依赖西方学问，在吸收世界文明成果的同时，还要积极吸取中国传统文化中的优秀养分，据此选择那些物质成就和精神成就相融合的事业，并与时俱进地调适二者在经营中的合理关系，在实现物质成就的过程中，实现精神成就及道德价值。

因此，不难理解，如果物质和精神融合成了一种完整意义的经营成就，这种成就将不完全依赖物质。只要企业从事的事业正当，在经营中做到了中国传统文化所倡导的"义利合一"，即使经营的物质成就在一段时间内不太理想，其中的精神成就也会发挥积极作用，支撑和坚定企业的经营意志。

任正非经常引述中国传统文化中的优秀观点来表达自己的经营理念，包括"财聚人散，财散人聚""深淘滩，低作堰""胜则举杯相庆，败则拼死相救""春江水暖鸭先知，不破楼兰誓不还""唯有文化才能生生不息"等，其中蕴含了中国传统文化中优秀的"义利合一"精神，它们已经融入华为追求物质成就的过程之中，最终融汇为华为完整意义的经营成就。任正非能够经受住考验，华为公司能够顽强生存，中国传统文化发挥了举足轻重的作用。

对于"义利合一"的践行，华为公司对内实施"财散人聚""把钱分好""不让'雷锋'吃亏"；对外实行"深淘滩，为客户提供更有价值的服务""低作堰，多让一些利给客户，善待上游供应商"，并以此精神追求为指导，落实积极创造价值、公平评价价值和合理分配价值的价值创造管理体系，以保障快速创造物质成就。

《论语·里仁篇》中说："富与贵，是人之所欲也；不以其道得之，不处也。"华为追求包含物质与精神的完整经营成就的同时，也提倡"义利合一"，甚至"先义后利"，追求精神文明优先于物质文明，这在《华为基本法》中有明确表述："精神是可以转化成物质的，物质文明有利于巩固精神文明。我们坚持以精神文明促进物质文明的方针。"

最终，在物质文明加精神文明的巨大驱动作用下，华为凭借顽强的经营意志挺过了百死千难，取得了令世人瞩目的经营成就。

广大久远
经营欲求，规模与寿命两种价值孰重孰轻

企业如果能够做得大且做得久，表明企业的经营成就十分理想，但世上的事情往往难以两全其美，在很多时候必须做出选择。企业是要活出一时的辉煌，绽放数年或数十年后消失得无影无踪，犹如夜空中的烟花；还是要不显山、不露水地长久活下去，延续上百年，甚至数百年？这两种成就哪一种更有价值？这是一个见仁见智的问题，难以分出高低优劣。

不同于前一节物质文明和精神文明的视角，本节我们将以规模和寿命的视角来分析经营成就的价值。

做大，是中国大多数企业最直接的经营欲求，也经常被企业领导者用来牵引企业的发展。

绝大多数企业都希望能够不断做大，华为也不例外。《华为基本法》第二十一条提到："我们过去的成功说明，只有大市场才能孵化大企业，选择大市场仍然是我们今后产业选择的基本原则。"在巨大的压力和挑战下，华为公司的销售收入，在 2019 年 8588 亿元的基础上，2020 年依然有所增长，达到

了 8914 亿元，同比增长 3.8%。据英国调查公司 IHS Markit 汇总的数据显示，从 2018 年至今，仅从全球移动基础设施的销售收入份额来看，华为与爱立信交替排在前两名。华为在规模上已经成为名列前茅的行业领军者，实现了中国大多数企业想要做大的梦想。

做强与做大息息相关，是同一个事物的两面，做强也是绝大多数中国企业最基本的追求。在《华为基本法》中，有这样的表述："我们的目标是以优异的产品、可靠的质量、优越的终生效能费用比和有效的服务，满足顾客日益增长的需要""我们不单纯追求规模上的扩展，而是要使自己变得更优秀。因此，高层领导必须警惕长期高速增长有可能给公司组织造成的脆弱和隐藏的缺点，必须对成长进行有效的管理"。华为为了做强，积极追求更高的质量、更加优秀的发展，为此，在战略上坚守在电子信息领域精耕细作，在技术上积累了超过 85 000 件全球有效授权专利，在业务收入上确保有足够的客户群做支撑，除此之外，华为尤其重视全球各区域销售收入的占比。华为总是希望海外各区域销售收入总和超过国内，从 2005 年至今，华为也的确在大部分的年份里实现了销售收入 50% 以上来自海外。近几年由于各种原因，华为海外销售收入又开始低于国内。

任正非说："除了世界第一，就是死亡。"做大、做强是中国大多数企业领导者的直接欲求或者说主要理想，也是创造企业经营成就时最有吸引力的、最直接的目标，属于企业经营成就的规模属性。

做久，是中国企业的重要经营目标，但从目前中国企业的平均寿命不足 3 年来看，对大多数中国企业来说，这似乎是一个考验。

在《活下去是企业的硬道理》一文中，任正非就这样说："对于个人来讲，我没有远大的理想，我思考的是这两三年要干什么、如何干，才能活下去。我非常重视近期的管理进步，而不是远期的战略目标。"在华为工作过的大多数朋友都知道，华为公司着重制定未来三年的战略，因为任正非认为华为如果能看清未来三年并成功活下来，就已经很不错了，三年以后的事情谁也不知道，说不定三年后华为就不存在了。任正非的观点固然有其谦逊的成分，但也反映了大多数中国企业领导者如履薄冰、前途难卜的真实心态，毕竟中国企业的平均寿命太短了，百年企业太少了。

虽然任正非表达的战略观点过于务实，甚至有些悲观，但并不影响他自己努力带领华为长期健康地"活下去"。在《华为基本法》中，有这样的表述："我们将按照我们的事业可持续成长的要求，设立每个时期的合理的利润率和利润目标，而不单纯追求利润的最大化"；另外，在《活下去是企业的硬道理》一文中，任正非还讲过："（企业）能活下去，不是苟且偷生，不是简单地活下去。一个企业活下去并非容易之事，企业要始终健康地活下去更难。"让华为健康、持续、长久地"活下去"，一直是任正非的强烈愿望。

到目前为止，华为已经活了34年之久，比中国企业平均寿命的10倍还要长，相对而言，华为已经算是中国企业中的"长寿者"，任正非似乎对"华为的红旗还能打多久"已经释然了。2019年1月17日，任正非在深圳华为总部接受多家国内媒体采访时，有记者问及"下一个倒下的会不会是华为"时，任正非的回答是"一定（会倒下）""（华为倒下）是一个哲学命题，不是现实命题""做百年老店是非常困难的"。

让企业健康长久地"活下去",同样是中国大多数企业领导者的理想。任正非对于这个命题的思考,包含了使华为长久活下去的务实欲求,也包含了对华为长久活下去的现实担忧,毕竟迄今为止中国的百年企业不超过 20 家。

任正非在《华为的冬天》一文中说道:"我们大家要一起来想,怎样才能活下去,也许才能存活得久一些。"做久,是中国企业的重要经营目标,但从目前中国企业的平均寿命不足 3 年来看,对大多数中国企业来说,这似乎是一个考验。做久,属于企业经营成就的寿命属性。

对于企业的经营成就来说,难说规模与寿命哪一个更有价值,但与其陷入两难,不如尽量兼顾。

一种观点认为,企业如果能够把自己的规模做到极致,可以赚到数目可观的收入,可以为更多人提供服务,那么即使仅仅存在数年或数十年,也是值得的,不必做成百年老店。拥有这种观点的企业领导者不在少数。

另一种观点则认为,企业不必过于追求规模,而应该设法延长寿命。如果企业健康地存活百年,甚至数百年之久,能够给人提供更长久的服务,这样才更有价值。这种观点开始被越来越多的企业领导者接受。

做企业到底是要追求规模方面的成就,还是追求寿命方面的成就,哪一种成就更有价值,不会有一个标准答案,也没必要争一个非黑即白的结论。物以稀为贵,中国目前不缺规模巨大的企业,而百年企业寥若晨星,现在这个时代,追求企业寿命的增长似乎更有意义和价值。最理想的状况当然是既要有足够大的规模,也要有足够长的寿命,只有这样,企业经营成就才能具备更大的价值。

《华为基本法》中有这样的表述："在促进公司迅速成为一个大规模企业的同时，必须以更大的管理努力，促使公司更加灵活和更为有效"；在《活下去是企业的硬道理》一文中，任正非说过："如果一个企业的发展能够符合自然法则和社会法则，其生命可以达到 600 岁，甚至更长时间。"显然，任正非的真实观念是，希望华为不要苟且偷生，而是健康长久地"活下去"，最好能够大规模地活个 600 年，这样的华为才是最有价值的。

《周易·系辞传上》中说："有亲则可久，有功则可大；可久则贤人之德，可大则贤人之业。"意思是说有德可以亲附就可以做得久远，有建功立业的机会就可以做得广大；做得久远必须具备贤人那样的德行，做得广大则可以建立像贤人的伟业一样的事业。按照儒家的观点，贤人的德行主要是指仁义礼智信，贤人的事业无外乎《大学》所讲的"三纲八目"，即明明德、亲民、止于至善，格物、致知、诚意、正心、修身、齐家、治国、平天下。

根据儒家的这些观点，企业作为现代社会一种主要的组织形式，要想延续足够长的寿命，离不开遵循仁义礼智信的德行或道义，正如后藤俊夫所说的"日本长寿企业的基因与中国的儒学息息相关，比如先义后利"。要想达到足够大的规模，就有必要把事业融入齐家、治国、平天下之中，正如《华为基本法》第四条所表述的："爱祖国、爱人民、爱事业和爱生活是我们凝聚力的源泉。"

道义需要靠事业来实现，事业需要靠道义来指引；道义有利于延长企业寿命，事业有利于扩大企业规模。企业如果希望自己取得寿命久远与规模广大的双重成就，有必要践行道义，积极服务于家国天下，也只有这样，寿命久远、规模广大才具有真正的价值，甚至具有永恒的意义。

常言道："两害相权取其轻，两利相权取其重。"对于企业的经营成就来说，难以评估规模与寿命哪一个属性更有价值，需要具体情况具体分析，但与其陷入两难，不如尽量兼顾，如果能够平衡二者的关系，经营成就可能会更有价值。

华为在规模上超过了全球大多数通信信息产品供应商，在寿命上超过了中国绝大多数企业，下一个倒下的真的会是华为吗？

前文分析过，华为之所以能够取得如今的成就，得益于其在"义利兼顾""义利合一"方面付出的努力，但这种努力能否帮助华为挺过危机，顽强地活下去呢？这成了大多数中国人关注的热点，更是我们这些曾经的华为人格外关心的问题。

华为2020年的销售额依然达到了8914亿元。在这个销售数据的背后，有几个非常耀眼的闪光点。从国际数据公司、英国IHS Markit等机构公布的数据来看，2021年之前的近三年，全球移动基站出货量华为稳居第一，全球手机出货量华为稳居前三，全球光网络出货量华为稳居前三，全球路由器在运营商市场出货量华为稳居前三，等等。以全球手机出货量为例，据国际数据公司发布的全球手机销量数据显示，2018年华为手机出货量为2.06亿部，全球排名第三；2019年华为手机出货量为2.4亿部，全球排名第二；2020年华为手机出货量为1.89亿部，全球排名第三。

以往的发展历程表明，华为在通信信息行业全面开花，能够提供绝大多数产品和解决方案，只要是华为重点发力的领域，出货量早晚都能够在全球名列前茅，加上华为在运营商、消费者和企业网三大主要客户群的销售收入齐头并进，以及海外销售收入长期占华为总销售收入的一半以上，这些足以说明华为不但在规模上稳居全球第一，而且这种规模还基于技术领先、结构稳定、高质量这些特质。

在企业寿命方面，华为成立于1987年，迄今为止仅仅发展了34年。目前在通信信息行业与华为同样名列前茅的产品供应商包括爱立信、诺基亚、三星、苹果、思科等，其中，芬兰的诺基亚成立于1865年，迄今为止发展了156年；瑞典的爱立信成立于1876年，迄今为止发展了145年；韩国的三星成立于1938年，迄今为止发展了83年；美国的苹果成立于1976年，迄今为止发展了45年；美国的思科成立于1984年，迄今为止发展了37年。爱立信、诺基亚侧重于移动通信领域，三星、苹果侧重于移动通信的手机领域，思科侧重于数据通信领域，华为则全面覆盖这些领域，不但后来者居上，更是在规模上赶上或超越了这几家巨头。

事实上，华为经过短短34年的快速发展，已经成为全球通信信息行业各大主要领域的领航者，如果没有国际地缘政治等因素的影响，在未来很长一段时间内，这种领航地位都是难以动摇的。正所谓"木秀于林，风必摧之"，美国及其盟友已经开始有所行动，而且产生了一些影响，造成华为销售收入增速放缓，增长率从2019年的19.1%下降到了3.8%。受影响最严重的要算占华为销售收入半壁江山的手机业务。卖掉了荣耀的华为，2021年手机出货量已经出现明显的下滑。

2019年1月17日，任正非在深圳华为总部接受多家国内媒体采访时说道：

"（华为倒下）是一个哲学命题，不是现实命题。"华为在规模上超过了全球大多数通信信息产品供应商，在寿命上超过了中国绝大多数企业，以往的"义利兼顾""义利合一"还能否支撑华为大规模、长时间地发展？华为是否真的到了一定要在规模和寿命之间做出取舍的生死存亡时刻？下一个倒下的真的会是华为吗？这类问题考验着华为人的经营意志、经营思想和经营能力。从华为以往的发展历程来看，华为挺过这次经营灾难，再获得进一步发展，还是值得期待的。

世界领先
经营发展，唯有文化才能生生不息

《中庸·问政章》中说："或生而知之，或学而知之，或困而知之：及其知，一也。或安而行之，或利而行之，或勉强而行之，及其成功，一也。"人的悟性是有差别的，对于道理的认知，有的人天生就知道，会自觉自愿去实行；有的人需通过学习才能知道，有了利益才会去实行；有的人要经受磨难才能知道，勉勉强强去实行。

从个人的发展经历来看，任正非应该属于"经受磨难才能知道，勉勉强强去实行"的类型。任正非讲过，当年在南油集团工作时，如果没有被人骗走 200 万元公款，他很可能会在南油集团干到退休，然后在四海公园观人下棋，含饴弄孙，安安稳稳地度过平凡的一生。

本节将从任正非"唯有文化才能生生不息"这个观点切入，对前文表述过的、涉及华为经营的内容做梳理，完整呈现任正非如何驱动由意志、思想、能力、工具、成就等组成的华为经营逻辑，取得了持续快速发展的辉煌成就，以此收官本书的内容。

任正非在人生路窄的时候，以绝地求生的意志创办华为，在混乱的野蛮发展中，探寻华为健康长久"活下去"的经营之道。

20 世纪 80 年代，任正非被人骗走 200 万元公款，被南油集团辞退，在人生路窄的情况下，被迫创办华为，处绝地以求生。任正非创办华为公司的意志，完全是在走投无路的困境中被逼出来的。

综合我在华为工作时获取的资料，以及网上可以搜索到的资料来看，任正非在华为初创时期，并没有清晰的企业经营假设，不知道该从事哪个行业、经营什么产品，据说最初两年甚至倒卖过减肥茶和墓碑等。后来，还是偶然的机会，任正非从朋友那里听说，通信产品比较畅销，于是从代理最简单的用户电话交换机开始，误打误撞进入了通信行业。用任正非自己的话说，一脚踏上了这条"不归之路"。

就是在这种懵懵懂懂的状态下，华为进入了在当时绝对属于蓝海市场的通信行业，任正非也以超乎寻常的勤奋带领还是小微企业的华为公司赚到了第一桶金。初期的成功增强了任正非在困境中树立的经营意志，并驱动他慢慢找到了一些经营的感觉，他开始形成初步的经营假设，也就是经营的思路或者说思想。

在《一江春水向东流》一文中，任正非讲述了自己当初创建和管理华为的思路和思想："我突然发觉自己本来是优秀的中国青年，所谓的专家，竟然越来越无知""只有组织起数十人、数百人、数千人一同奋斗，你站在这上面，才摸得到时代的脚""如果不能民主地善待团体，充分发挥各路英雄的作用，我将一事无成""设计了员工持股制度，通过利益分享，团结起员工"。

就是在这种边打仗、边摸索的混乱过程中，到了 1995 年，华为发展为一家销售收入超过 15 亿元的中型企业，任正非的经营思想逐步成熟，也具备了一定的系统性。

由于公司前期的民主管理放得过宽，在一定程度上造成了华为人经营思想认知的混乱。任正非担心，如果不能及时控制这种混乱局面，并把大家统一到华为通过前期经营实践探索出的经营思想上来，随着公司进一步快速发展，公司经营管理秩序可能紊乱，公司经营效率可能降低，公司甚至可能发生崩盘的灾难。

陆游在《游山西村》一诗中说："山重水复疑无路，柳暗花明又一村。"任正非在人生路窄的时候，以绝地求生的意志创办华为，前期在混乱的野蛮发展中，积极探寻着使华为长久"活下去"的经营之道，并取得了意想不到的经营成就。

华为通过企业文化建设，梳理出了经营思想大纲《华为基本法》，用它统一了华为人的思想认识，化成了华为的经营能力。

忧患意识本来就非常强的任正非，此时开始考虑如何统一经营思想，让华为继续健康地"活下去"。任正非想到的办法是进行企业文化建设。

从中国传统社会秩序构建的角度来说，"人文"主要是指中华传统思想，文化就是用中华传统思想"化成"天下之人。从企业经营管理来说，"人文"就如埃德加·沙因所说的，是处理企业经营中外部适应与内部整合的一组基本假设，即经营思想，企业文化就是用经营思想"化成"包括企业干部员工及其经营能力在内的方方面面。

1995 年，华为挺过了前几年研发投入过度所导致的公司资金链濒临断裂的危机，经营思想相对以往要成熟不少，但同时，因为前期管理过于民主，大家对经营实践中正在成熟的经营思想表现出认知不一，情况有些混乱。为了结束思想混乱的状态，确保公司发展得稳健、快速，华为聘请中国人民大学的教授团队，在以往成功实践的基础上，梳理并组织公司全员讨论经营思想，三年内八易其稿，最终统一了认知，达成了共识，在 1998 年发布了华为第一个正式版本的经营思想，即《华为基本法》。

其实，实践、梳理和讨论，这几个关键步骤组成了华为文化成功建设的"诀窍"，统一了华为人对经营思想的认识。

作为经营思想的《华为基本法》，第一部分内容是宗旨，包括核心价值观、基本目标、公司的成长、价值的分配等；第二部分是经营政策，包括经营重心、研究与开发、市场营销、生产方式等；第三部分是组织政策，包括基本原则、组织结构、高层管理组织等；第四部分是人力资源，包括管理准则、义务和权利等；第五部分是控制政策，包括控制方针、保证体系、预算控制、成本控制、业务流程、项目管理、审计制度、事业部控制、危机管理等；第六部分是修订法，包括修订法内容、诞生背景、流行原因、作用意义等。

《华为基本法》描述的这些公司成长（战略方向与意图）、研究与开发、市场营销、组织政策、人力资源等，同时为华为经营能力的培养和提升提供了明确依据。

在战略能力方面，《华为基本法》坚定了华为坚守通信信息行业这一发展方向，进而快速成长的战略定力，并依此积极提升包括行动、试错和纠错等在内的战略执行力。正如华为前经营管理团队（EMT）成员、常务副总裁费敏所说，华为其实没有真正的战略谋划，华为战略是在实际业务经营中，完全靠强有力的执行力试探出来的。

在市场销售能力方面，《华为基本法》明确了华为产品销售必须快速渗透和迅速扩张的追求，依此打造了"胜则举杯相庆，败则拼死相救"的强悍销售团队，培育出了华为市场销售的强大竞争力。

在产品研制能力方面，《华为基本法》明确了每年坚持将销售额的 10%投入研发，对战略重点产品研发进行压强式资源配置，依此积极建设了海外研究所，广泛吸纳世界一流科学人才，打造了大胆探索、锐意进取、快速高效的产品研制能力。

在组织和人力资源能力方面，《华为基本法》明确了一系列关于组织、干部、人才和员工的治理描述，倡导公平评价绩效与合理分配利益，强调"不让'雷锋'吃亏，奉献者定当得到合理的回报"，依此激活组织、培养干部、吸引人才，打造出一支艰苦奋斗、能打胜仗的组织队伍。

《传习录》中说："知是行的主意，行是知的功夫；知者行之始，行者知之成。"华为通过企业文化建设，梳理了经过实践检验的、行之有效的经营思想，用它统一了大家的思想认识，化成了与企业核心竞争力相吻合的经营能力，把经营思想和经营能力（或者说劳动能力）合而为一。

华为凭借经营能力的进步，引领以经营工具改进为主的管理变革。

20 世纪 90 年代中后期，华为公司的经营能力不断提升，但管理工具落后的弊端开始显现，一度拖累了公司的发展。为此，华为于 1998 年引进 IBM 等西方咨询公司辅导自己的管理变革，开始打造以业务管理流程为主的经营工具。

华为公司的业务流程工具打造是管理变革的重头戏，涉及公司各个业务体系，包括研发体系、供应链体系、财经体系、战略体系、市场体系等。

华为打造的第一个业务流程——集成产品开发流程，经过 4 年多的千锤百炼，先僵化、后优化、再固化，日臻成熟，并被逐步推广到了所有产品的研制管理上，为华为更大规模、更多种类的产品研发提供了得心应手的管理工具。

华为每一次业务流程变革都是对业务经营能力进步的主动响应，是对业务发展历程中形成的工作习惯、工具方法的传承和重建，也是业务团队的一次凤凰涅槃、浴火重生。经营工具的系统性打造为华为公司的高效发展提供了"利器"。

华为一旦下定决心进行管理变革，就会义无反顾、一往无前。当然，华为的管理变革历来坚持以业务经营能力的提升引领经营管理工具的改进。直至 2005 年，华为销售收入达到 453 亿元之后，才正式引进和运用战略管理工具 DSTE、销售管理工具 LTC，就是很好的例证。

华为以蕴含着精神追求的巨大成就不断增强经营意志，为其持续发展提供驱动力。

集中体现华为经营思想的《华为基本法》凝聚了华为人的经验与共识，有效聚合了内部资源、适应了外部环境，使华为挺过了历次生死劫难并获得了快速发展，不断地取得令人瞩目的经营成就。

1987—1995 年，华为公司从代理用户电话交换机 PBX 开始，发展到可以自主研发电话交换机、排队机、光传输设备、接入网等产品，年销售收入达到 15 亿元，成为一个名副其实的技术研发型公司。

1996—2005 年，华为公司在印度、瑞典、美国等地建设了 6 个海外研发中心，成立了海思芯片公司，产品家族增加了移动通信 GSM、数据通信设备等新成员，开始打造多产品集成的综合解决方案，海外销售收入开始超过国内，销售额从 27 亿元增长到 453 亿元。

2006—2012 年，华为公司与美国 3Com、德国西门子、美国摩托罗拉、美国赛门铁克、Global Marine 等成立合作公司，同时在内部成立了"诺亚方舟实验室"，推出了智能手机、3G 网络设备等新产品，赢得了与荷兰 Telfort、英国电信、沃达丰、加拿大 Telus、泰国 AIS 等海外著名电信运营商合作的机会，营业收入[○]从 656 亿元增长到 2202 亿元。

2013—2020 年，华为公司的海外研发中心达到 16 个，2019 年年底，专利数累计达到 85 000 个，推出了 4G 网络设备、5G 网络设备、系列智能手机、云计算等新产品，将 4G/5G 网络设备商用部署在了 140 多个首都，全球 30 多个国家的客户采购了华为云计算服务，华为供应的通信信息解决方案支撑了全球 170 多个国家及地区 1500 多张网络的稳定运行，服务范围覆盖全球 1/3 以上人口，营业收入从 2390 亿元增长到 8588 亿元。2020 年，营业收入更是

○ 从 2006 年开始，华为改用"营业收入"替代"销售额"进行年度业绩发布。——编者注

增长到 8914 亿元。

在发展历程中，华为公司大多数时候都在强调健康长久地"活下去"，华为人直接感受到的，也主要是销售收入提升、产品研制突破等物质成就。但稍微留意就不难发现，华为把遵从"道义"的精神追求融入了"以客户为中心"的积极创造价值之中，融入了"以奋斗者为本"的正确评价价值、合理分配价值之中，融入了"丰富人们的沟通生活"及"构建万物互联的智能世界"的使命之中。

华为每个发展阶段所取得的经营成就，毫无疑问都在不断增强华为的经营意志，为华为的快速发展输入源源不断的驱动力，驱动着华为经营思想、经营能力和经营工具的逐步改进，最终为华为公司打造出一种良性的、上升的经营逻辑闭合循环。

《华为基本法》第六条说："我们坚持以精神文明促进物质文明的方针。"华为以蕴含着精神文明和物质文明的、不断增长的经营成就，不断增强经营意志，提升驱动力，挺过历次经营灾难，催熟了任正非包含"义利兼顾"在内的"灰度"经营思想，使华为得以长期健康和快速成长。

最后需要再一次着重表述的是，在我这个曾经的华为人的心中，华为文化在统一经营思想、赋予经营能力、改进经营工具、提升经营成就和增强经营意志等方面起到的积极作用，无论给予多高的评价都不为过。正如任正非曾经明确表达过的，"唯有文化才能生生不息"。

后记

调整视角和思维，华为你学得会

: :

近几年，处在风口浪尖的华为，竟然在经营管理时能够进退有据、从容应对，似乎还愈挫愈勇，每年的营销业绩依然稳中有增。2021 年 3 月 31 日下午，华为轮值董事长胡厚崑主持线上发布会，公布了华为 2020 年年度业绩：2020 年华为全球销售收入达 8914 亿元，同比增长 3.8%；利润达 646 亿元，同比增长 3.2%；经营活动现金流 352 亿元。华为在如此困难的时刻居然还取得了收入和利润双增长的成绩。正如 2019 年 3 月 20 日任正非接受 BBC 访谈时所调侃的，美国的这一波操作，其实是到处为华为做广告。

随着华为曝光度的增加，附带引爆了一个"产业"——向华为学习经营管理的企业和个人越来越多，催生了大量的咨询机构，主要解读和推广华为经营管理的经验、工具和方法，为企业提供实战性的培训和咨询。

但随着学习华为的热度升温，很多朋友开始认识到，与迅猛的学习势头形成反差的是，有不少参与了有关华为"经验"学习的企业学员，把学习到的那些实战经验、工具和方法运用到自己企业的经营管理之中后，并没有产生期望的成效。问题究竟出在哪里？有没有行之有效的办法来解决这些问题？大家已经开始有所反思。这其实就是本书的主要关注点，也希望本书能够着重为读者解释其中的玄机。

本书以"意志"为突破口，用逻辑思路对纷繁复杂的华为经营管理体系进行梳理，形成了包括经营意志、思想、能力、工具和成就在内的闭合循环的经营逻辑，把华为经营管理中的道、法、术、器逻辑清晰地联结在一起。而且，本书也论述了从华为经营管理实践中提炼出来的完整的经营逻辑，对现代中国的大多数企业来说，这一经营逻辑极具适用性和普遍性。

华为的经营逻辑可以被简要表述为：第一，企业创始人任正非具有"敢于胜利、善于胜利"的顽强的奋斗意志，这是驱动企业不断快速发展的动力源；第二，任正非一直积极用哲学思维产生与时俱进的经营思想，并身先士卒带头实践；第三，华为通过企业文化建设把经过实践检验的成功经营思想化成华为经营能力，如战略能力、销售能力、研发能力和组织能力等；第四，华为在用企业文化建设和人力资源管理变革成功对员工内心进行"松土"之后，再进行业务管理变革，引进与经营能力相匹配的经营工具，譬如战略工具、销售工具、研发工具、组织工具等；第五，华为拼死创造出物质文明和精神文明双驱动的经营成就，使华为无论身处顺境还是逆境，其经营意志都不会轻易衰减。

本书阐述经营逻辑的根本目的，主要是希望启发企业人士以全局视角和思维完善自己的经营逻辑结构，清楚自己的经营逻辑思路，在自己的意识中镌刻一幅企业经营管理的"航海图"，厘清自己为什么学华为、学华为的什么以及如何学华为；当然，也希望帮助一些朋友从中找到以往学华为成效不理想的根本原因，做到"知其所以然"。

为了阐述清楚华为经营管理成功更深层次的原因，本书除了描述华为经营事例和任正非的经营思想，还从中国哲学和西方哲学的层面进行了一定程度的解读，希望对学习华为的朋友有更深的启发。

历史像一段思想的旋律，而所有记载历史的资料就像散落一地的黑白钢琴键，每个人都只能根据这些琴键去猜想旋律。《华为的意志》，亦是如此。

本书基于我与多位华为在职或退休高管的深度访谈，结合本人在华为工作 13 年的切身体会而成，未必能精准表达任正非内心指向的华为经营管理津要，但如果能令读者略有启发，本书出版的意义就已达到，也殷切期待华为老同事和读者的指正。

本书写作过程中，得到了《任正非这个人》作者[⊖]、《华为人报》首任主编周学军先生，书享界创始人、"学习华为三部曲"（《华为管理之道》《华为成长之路》《华为学习之法》）作者、华为原中国区规划咨询总监邓斌先生、深圳大学王兴国教授及北京大学王中江教授的悉心指导，他们的指点和启发为本书的写作增色许多，在此表示特别感谢。感谢华为公司前中高层管理者方惟一、郭海卫、周学军、邓斌、胡赛雄、丁文国等朋友的热枕推荐。

另外，还要感谢我的父母对我写作本书给予的鼓励，感谢我的弟弟、儿子给予的帮助；特别要感谢我的太太，她承担了不少家庭工作和我事业的幕后工作，长期默默支持我讲学、研究、咨询和写作。

感谢人民邮电出版社智元微库的刘艳静、王铎霖、缪永合、许文瑛、郑连娟、吴丽娜等老师的专业编辑工作，是他们尽心尽力、精益求精、连续作战的工作付出，保证了这本书如期出版。同时也感谢长期支持我的客户、伙伴和亲朋，因篇幅所限，不能一一列举，在此一并谢过。

⊖《任正非这个人》一书作者署名为"周君藏"，即周学军先生。——编者注

216

参考文献
REFERENCE

［1］ 梯利．西方哲学史（增补修订版）[M].葛力，译．北京：商务印书馆，2015.

［2］ 邓晓芒，赵林．西方哲学史 [M].北京：高等教育出版社，2014.

［3］ 伯特兰·罗素．西方哲学史 [M].何兆武，李约瑟，译．北京：商务印书馆，1963.

［4］ 陈春花．企业文化管理 [M].广州：华南理工大学出版社，2002.

［5］ 周永亮，孙虹钢．方太儒道 [M].北京：机械工业出版社，2016.

［6］ 王卜．大道与匠心 [M].北京：中信出版社，2016.

［7］ 钟放．稻盛和夫的经营哲学 [M].北京：商务印书馆，2010.

［8］ 杨嵘．王阳明大全集 [M].北京：中国华侨出版社，2011.

［9］ 王玉德．国学框架 [J].寻根，2009（03）.

［10］王育琨．苦难英雄任正非 [M].南京：江苏凤凰文艺出版社，2019.

［11］埃德加·沙因．组织文化与领导力 [M].马红宇，王斌，等译．北京：中国人民大学出版社，2011.

［12］傅贤伟，王海燕．华为离职江湖 [M].深圳：海天出版社，2019.